Mit Engeln heilen

Ein erfülltes
und reiches Leben
durch Schutz und Führung
himmlischer Mächte

Denise Whichello Brown

Bassermann

ISBN 978-3-8094-2539-7

Originaltitel: Angel Therapy

Umschlaggestaltung: Atelier Versen, Bad Aibling
Fotos: Colin Bowling
Übersetzung: Berliner Buchwerkstatt, Martin Rometsch
Redaktion: Berliner Buchwerkstatt, Vera Olbricht
Layout und Gestaltung: Berliner Buchwerkstatt, Britta Dieterle

Printed in China

817 2635 4453 6271

Inhalt

Einführung 6

Was sind Engel? 11

Erzengel 19

Engel anrufen und mit ihnen kommunizieren 37

Engelhafte ätherische Öle 71

Engel und Chakras 83

Engel und Kristalle 93

Engel im Alltag 109

Das Rad der Engel 115

Register 124

Hilfreiche Adressen 128

Danksagungen und Bildnachweise 128

Einführung

Warum dieses Buch zustande kam

Ich habe bisher vierzehn erfolgreiche Bücher über ergänzende Heilmethoden geschrieben, vor allem über Massage, Aromatherapie und Reflexologie; aber dieses Buch war immer in meinem Herzen!

Meine erste Begegnung mit einem Engel hatte ich vor vielen Jahren, als ich unter starkem Stress stand. Verzweifelt lief ich in eine Kirche und bat um Hilfe, und die Engel erhörten mein Gebet (das tun sie immer). Seither führen, inspirieren und schützen mich die Engel in meinem Leben als Heilerin und Lehrerin. Diese Arbeit war mir »bestimmt«, aber meinen wahren Seelenpfad entdeckte ich erst im Alter zwischen zwanzig und dreißig Jahren dank meiner Kontakte mit Engeln. Ich erinnere mich noch gut daran, dass ich als Kind oft meine Hände prüfend musterte, denn ich wusste, dass sie eine bestimmte Aufgabe hatten. Die Leute bewunderten sie und rieten mir, Klavier zu spielen – aber ich war mir sicher, dass das Leben andere Pläne mit ihnen hatte! Dann machten die Engel mich spirituell bewusster und zeigten mir, dass meine Hände heilen konnten. Dadurch bekam mein Leben einen neuen Sinn.

Die Engel haben mich einige Zeit »gestupst«, damit ich dieses Buch schrieb. Als ich darauf nicht reagierte, meldeten sie sich immer nachdrücklicher in meinem Behandlungszimmer. Viele Patienten, auch einige fantasielose und durch und durch »geerdete«, nahmen die Strahlen der Engel wahr und fragten mich zögernd, ob ich etwas über Engel wisse – sie hatten diese Wesen deutlich gespürt oder sogar gesehen. Jetzt ist das Buch endlich da – Menschen und Engeln sei Dank!

Mit Engeln Kontakt aufnehmen und arbeiten

Immer mehr Menschen sind von Engeln fasziniert und arbeiten viel enger als bisher mit ihnen zusammen. Die Zahl der Bücher, Videos und Seminare über Engel nimmt zu. In Filmen und im Fernsehen, in Zeitungen und Zeitschriften, ja sogar in der Popmusik ist häufig von Engeln die Rede. Viele Menschen behaupten, sie hätten in irgendeiner Form Kontakt mit Engeln gehabt. Ich wage zu behaupten, dass jeder von uns irgendwann mindestens einem Engel begegnet ist!

Sie brauchen weder Hellseher noch Medium zu sein, um Engeln zu begegnen. Der Schleier, der uns von ihrem Reich trennt, ist sehr dünn, und wenn Sie ihn lüften, können Sie die wunderbare himmlische Welt sehen. Aber es ist gar nicht notwendig, Engel zu »sehen«. Die meisten Menschen wissen, dass wir nie ganz allein sind; sie spüren die Anwesenheit der schönen Himmelsboten und lassen sich von ihnen beraten, trösten und heilen.

Ich spüre die Anwesenheit von Engeln jeden Tag sehr deutlich – ganz besonders wenn ich

Schöner Engelschmuck inspiriert und erfreut.

an diesem Buch schreibe! Wann immer ich sie während meiner Arbeit als Therapeutin um Hilfe bitte, kommen sie zu mir. Meist sehe ich sie nicht als Engel, vielleicht deshalb, weil sie nur dann eine bestimmte Gestalt annehmen, wenn es uns nützt. Da ich sie ohnehin spüre, brauchen sie sich mir nicht ständig zu zeigen. Aber wenn ich arbeite, sehe ich oft ihre bunten Strahlen auf meine Patienten fallen. Die Patienten haben mir viele – leicht voneinander abweichende – Beschreibungen der Engel geliefert, die ihre Heilung fördern. In einem Punkt stimmen alle überein: Wenn die Engel da sind, haben wir ein überwältigendes Gefühl des Friedens und der Liebe. Es sind atemberaubend schöne Momente.

In diesem Buch möchte ich Ihnen zeigen, wie Sie die Liebe und die Freude der Engel in Ihr tägliches Leben bringen. Sie werden lernen, mit Engeln Kontakt aufzunehmen und mit ihnen zu arbeiten. Engel können die körperliche, seelische und geistige Heilung fördern, inspirieren und führen, Probleme lösen, schützen, Beziehungen verbessern und das Leben angenehmer machen. Wir brauchen sie nur zu bitten!

Darstellungen von Engeln befinden sich in und auf vielen alltäglichen Dingen.

Was sind Engel?

Das Wort »Engel« ist vom griechischen Wort *angelos* abgeleitet, das »Bote« bedeutet. Wir können uns die Engel als »Himmelsboten« oder »Boten Gottes« vorstellen. Da sie aus der göttlichen Quelle stammen, verbinden sie uns unmittelbar mit Gott. Er schuf diese wunderbaren Wesen, um uns zu führen, zu schützen und zu inspirieren. Sie wollen uns dienen und unser Bewusstsein erweitern.

Engel leben auf einer höheren Schwingungsebene, und darum können wir sie normalerweise nicht sehen. Nur wenn unsere eigene Schwingungsfrequenz sich ändert, nehmen wir die ätherische Ebene deutlicher wahr. Engel können sich dennoch bemerkbar machen. Viele Menschen spüren ihre Anwesenheit, manche hören sie, andere begegnen ihnen in Träumen und Visionen. Engel sind überall und beschützen uns, und wir können sie jederzeit anrufen. Ihre Hierarchie ist für uns eine praktische Realität. Diese Wesen entwickeln sich, indem sie den Menschen dienen, und darum helfen wir nicht nur uns, sondern auch ihnen, wenn wir sie herbeirufen! Warten Sie also nicht auf eine Krise, sondern laden Sie die Engel jetzt in Ihr Leben ein – sie sind bereit, Ihnen zu helfen.

Engel waren nie als Menschen inkarniert, sie werden nie Menschen sein (aber sie können vorübergehend Menschengestalt annehmen), und Menschen werden nie Engel sein. Anders verhält es sich mit unseren Geistführern, die als Menschen auf der Erde gelebt haben. Es ist sehr wahrscheinlich, dass Sie einem oder mehreren Ihrer Geistführer (wir haben meist mehrere) in früheren Existenzen begegnet sind. Ein Geistführer kann zum Beispiel eine verstorbene Mutter sein oder ein Großvater, der starb, als Sie noch klein waren, vielleicht auch schon vor Ihrer Geburt. Wenn Sie auf Ihrem spirituellen Pfad Fortschritte machen, wechseln Ihre Geistführer. Sie spüren, ob ein Engel oder ein Geistführer bei Ihnen ist, denn die Engel haben eine höhere Frequenz.

Engel sind geschlechtslose Wesen, die sowohl weibliche als auch männliche Merkmale in ausgewogenem Verhältnis besitzen. Sozusagen androgyne Wesen. Einen Engel, den ich als Frau wahrnehme, sehen Sie möglicherweise als Mann.

Jeder Mensch hat seinen eigenen Schutzengel.

Wir alle haben unseren eigenen **Schutzengel**, der uns durch unsere vielen Inkarnationen begleitet. Er liebt uns bedingungslos und kennt uns in- und auswendig. Ein weiterer Engel arbeitet mit dem Schutzengel zusammen, ist aber nur während **einer** Inkarnation bei uns. Dieser Engel begleitet Sie von dem Moment an, wo Ihre Seele beschließt, sich zu inkarnieren, bis zum Tod. In Ihrem nächsten Leben begleitet Sie ein anderer Engel.

Solche Engel sind genau auf Ihr jeweiliges Leben abgestimmt. Mein Engel ist zum Beispiel ein erfahrener Heiler. Darum weiß ich oft eine Menge über Therapien, die ich in diesem Leben nicht studiert habe.

Die Hierarchie der Engel

Elementargeister und Devas
gehören zur Engel-Hierarchie.

Auf der niedrigsten Stufe finden wir die **Elementargeister**, die wir als Licht- oder Farbflecke oder als Feen, Elfen, Gnome, Sylphen (Luftgeister), Salamander (Feuergeister) oder Undinen (Wassergeister) wahrnehmen. Diese Wesen sind eng mit der Natur und den Elementen verbunden.

Devas sind höher entwickelte Elementargeister, die große Wälder und Flüsse beschützen und über die Jahreszeiten herrschen. Außerdem halten Sie sich oft an heiligen Stätten und Bauwerken auf.

Aus diesen Devas entwickeln sich die Engel.

Die Evolution der Engel

ENGEL

↑

DEVAS

↑

ELEMENTARGEISTER

Manche Engelhistoriker teilen die engelhaften Wesen in drei Gruppen oder Sphären ein.

Sphäre 1

Diese Engel sind als himmlische Berater Gott am nächsten.

1. Seraphim
2. Cherubim
3. Throne

↑

Sphäre 2

Diese Engel sind himmlische Herrscher.

1. Herrschaften
2. Mächte
3. Gewalten

↑

Sphäre 3

Diese Engel sind Himmelsboten.

1. Fürsten
2. Erzengel
3. Engel (meist mit der irdischen Welt im Kontakt)

Nach dem Neuen Testament gibt es unter den Himmelswesen sieben Ränge: Throne, Herrschaften, Mächte, Gewalten, Fürsten, Erzengel und Engel. Das Alte Testament nennt noch Cherubim und Seraphim.

Sphäre 1
Himmlische Berater

Seraphim

Seraphim haben in der Engelhierarchie den höchsten Rang. Diese hoch entwickelten Wesen sind Gott am nächsten; sie stehen neben seinem Thron und singen ihm Loblieder. Sie steuern die Bewegungen der Planeten, der Sterne und des Himmels durch Töne.

Das Alte Testament beschreibt die Seraphim als Geschöpfe, die vor Liebe in Flammen stehen: »Seraphim standen über ihm, ein jeder hatte sechs Flügel: mit zweien deckten sie ihr Antlitz, mit zweien deckten sie ihre Füße, und mit zweien flogen sie« (Jesaja 6).

Seraphim sind »flammende Geschöpfe«.

Als Hüter des Lichts bewachen die Cherubim das Licht der Sonne, des Mondes und der Sterne.

Cherubim

Cherubim sind die Hüter des Lichts, das die Sonne, der Mond und die Sterne ausstrahlen. Sie haben den zweithöchsten Rang unter den Engeln, und ihr Name bedeutet »die Betenden« oder »Weisheit«. Sie sind auf der Bundeslade als deren Wächter abgebildet, und man kennt sie auch als himmlische Chronisten. Sie sind keineswegs niedlich und Amor ähnlich wie auf vielen Bildern.

Jeder Thron bewacht einen Planeten. Der Erdengel ist der Hüter unseres Planeten.

Throne

Throne nehmen den dritten Rang ein und sind die Engel der Planeten. Jeder Planet hat seinen Thron, und der Hüter unseres Planeten ist der Erdengel. Man nennt sie »die mit den vielen Augen« und »die Räder«, weil sie als Wagenlenker Gottes Thron umrunden. Nach Hesekiel 1 haben sie »vier Gesichter und vier Flügel«.

Sphäre 2
Himmlische Herrscher

Herrschaften
Die vierte Ordnung der Engel, die Herrschaften, beaufsichtigen und beraten alle Engel, die weniger entwickelt sind als sie. Dargestellt werden sie mit goldenen Stäben in der rechten Hand und dem Siegel Gottes in der linken.

Mächte
Mächte, die fünfte Ordnung der Engel, werden oft als »leuchtend« beschrieben, weil sie göttliches Licht in Fülle ausstrahlen. Sie gelten als Engel der Wunder und des Segens. Zwei von ihnen sollen Jesus bei seiner Himmelfahrt begleitet haben.

Gewalten
Gewalten nehmen unter den Engeln den sechsten Rang ein. Sie waren vielleicht die erste Ordnung von Engeln, die Gott schuf. Sie schützen unsere Seele vor bösen Wesen und bestrafen die Bösen. Außerdem führen sie die Akasha-Chronik (die alles festhält, was eine Seele denkt und tut) und wachen über Geburt, Tod und Wiedergeburt.

Mächte schützen Seelen und Geburt.

Sphäre 3
Himmelsboten

Fürsten
Die siebte Ordnung der Engel, die Fürsten, regiert große Gruppen und Organisationen. Sie schützt Völker, Städte und deren Oberhäupter. Der Engel, der David im Kampf gegen Goliath half, war ein Fürst.

Erzengel
Erzengel, die achte Ordnung der Engel, sind wohl die bekanntesten Engel, vor allem Gabriel, Michael und Raphael. Ich werde sie später genauer beschreiben.

Engel
Die neunte Ordnung der Engel steht uns Menschen am nächsten. Zu dieser Gruppe gehören viele verschiedene Engel mit vielen unterschiedlichen Aufgaben. Es gibt Engel der Freude, der Liebe, der Hoffnung, der Heilung, des Friedens und so weiter. Auch die Schutzengel gehören dazu.

Fürsten behüten große Gruppen und Organisationen, Städte und Völker.

Erzengel

Die Erzengel heißen auch »überstrahlende Engel«, weil sie andere Engel und alle Aspekte des Menschseins »überstrahlen«, also beaufsichtigen und leiten.

In der Engelhierarchie nehmen die Erzengel den achten Rang ein. Sie sind die bekanntesten Engel. Besonders vertraut sind Sie wahrscheinlich mit Michael, Gabriel und Raphael, die in der Bibel genannt werden.

Diese mächtigen Lichtwesen melden sich, sobald wir sie um Hilfe bitten. Denken Sie daran, die Erzengel und die Engel immer wieder in Ihr tägliches Leben einzuladen. Gott schuf sie als unsere Diener. Jeder Erzengel hat seine eigene Aufgabe, die wir kennen sollten, damit wir wissen, welchen wir rufen, wenn wir Hilfe brauchen. Bitten Sie die Erzengel auch, anderen zu helfen!

Kontakt mit Erzengeln aufnehmen

Am Ende jedes Abschnitts über die einzelnen Erzengel finden Sie eine Liste von Bitten. Das sind kurze und dennoch sehr wirksame Affirmationen, die Sie so oft wie nötig wiederholen können. Jedes Mal wird Ihre Verbindung mit dem jeweiligen Erzengel enger.

Wählen Sie den Erzengel aus, den Sie in Ihr Leben einladen wollen, und verwenden Sie die Bitte, die Ihrem Anliegen am besten entspricht.

Wiederholen Sie ihre Bitte jeden Morgen einige Minuten lang an Ihrem Altar. Wenn Sie wollen, können Sie die Zahl der Wiederholungen allmählich steigern. Dann brauchen Sie nur noch zu warten! Manchen Menschen wird sofort geholfen, andere müssen geduldig sein und auf den erhofften Wandel warten.

Die Anrufung der Erzengel

1. Setzen Sie sich aufrecht und bequem hin.
2. Visualisieren Sie Wurzeln, die aus den Fußsohlen und dem Steißbein wachsen und Sie mit der Erde verbinden.
3. Atmen Sie einige Male tief, bis Sie entspannt und ruhig sind.
4. Wiederholen Sie Ihre Bitte.
5. Danken Sie Ihrem Erzengel.
6. Öffnen Sie langsam die Augen.

Natürlich dürfen Sie die Erzengel jederzeit anrufen. Ich arbeite in meiner Praxis oft mit mehreren Erzengeln. Am Anfang einer Behandlung bitte ich zum Beispiel Michael, mich vor negativer Energie zu schützen; dann rufe ich Raphael, der mir beim Heilen hilft. Ist der Patient deprimiert, rufe ich Camael. Wenn ein Patient verschlackt ist, wende ich mich an Gabriel, der die Reinigung unterstützt. Zum Schluss verbinde ich mich mit Zadkiel und wandle negative Energie mit seiner violetten Flamme in positive Energie um.

Andere Erzengel

Die genannten Erzengel sind die »sieben Mächtigen«. Aber es gibt noch viele andere, die Sie anrufen können, etwa Sandalphon, der angeblich Elija war. Er arbeitet mit der Energie der Erde und hilft den Menschen, ihre spirituelle Energie in der Erde zu verankern, also zu »erden«.

Metatron soll der ranghöchste Erzengel sein. Er ist ein herrliches Wesen, und ich fühle mich gesegnet, weil ich ihm als Channel dienen durfte.

Alle Engel und Erzengel warten auf unseren Ruf. Lassen Sie sich von Ihrer Intuition zu dem Engel leiten, den Sie auf Ihrem spirituellen Pfad brauchen. Es lohnt sich, diese wundervollen Geschöpfe häufig anzurufen. Ihr Leben wird sich für immer verändern!

Michael ist der bekannteste Erzengel. Manche halten ihn für den obersten Erzengel. Er schützt uns körperlich, seelisch und geistig.

Erzengel Michael

Was bedeutet »Michael«?

»Wer ist wie Gott?« »Wie Gott.«
»Wer ist wie das Göttliche?«

Farbe

Blau/Gold. Michael wird oft mit Schwert dargestellt. In der anderen Hand hält er die Waage der Gerechtigkeit oder die blaue Flamme des Schutzes.

Schlüsselwörter

Michael ist der Erzengel

- des Schutzes
- des Mutes und der Stärke
- der Wahrheit und der Aufrichtigkeit

Schutz

Michael schützt uns körperlich, seelisch und geistig. Viele Menschen haben schon Wunder erlebt, nachdem sie ihn angerufen haben. Michael schützt Sie in vielen Situationen:

- Wenn Ihr Auto nachts auf einer dunklen Landstraße stehen bleibt.
- Wenn Sie alleine im Haus sind und sich vor Einbrechern fürchten.
- Wenn Sie eine Autoreise machen.
- Wenn Sie sich in einer gefährlichen Umgebung aufhalten.
- Wenn jemand Sie körperlich angreift.
- Wenn jemand Sie sexuell missbrauchen will.
- Wenn jemand Sie übersinnlich angreift.
- Wenn Sie eine Beziehung beendet haben und der oder die Ex Sie nicht »loslassen« will. Bitten Sie Michael, das ätherische Band zu trennen, das Sie und den anderen verbindet.

Mut und Stärke

Michael gibt Ihnen den Mut, sich jedem Hindernis zu stellen, gleich wie unüberwindlich es Ihnen vorkommen mag.

- Wenn Sie unter großem Stress stehen – z.B. weil die Anforderungen in Ihrem Beruf zu hoch sind –, gibt Michael Ihnen den Mumm, Änderungen zu verlangen.
- Wenn Sie seelisch belastet sind, etwa in einer Beziehung.
- Wenn das Leben Ihnen nicht mehr lebenswert erscheint.
- Wenn Sie an einer Sucht leiden.
- Wenn Sie an einer schweren, chronischen oder gar tödlichen Krankheit leiden.
- Wenn Sie Albträume haben.

Wahrheit und Aufrichtigkeit

Michael hilft uns, kompromisslos unserer Wahrheit zu folgen, unsere wahre Natur zu finden und dieser treu zu bleiben. Er steht Ihnen in vielen Situationen bei:

- Wenn es Ihnen schwer fällt, die Wahrheit zu sagen.
- Wenn Sie akzeptieren müssen, dass eine Beziehung Ihnen schadet.
- Wenn Sie nur so tun, als mache Ihre Arbeit Spaß.
- Wenn Sie nicht tun wollen, was Sie predigen.
- Wenn Sie immer sagen oder tun, was andere von Ihnen erwarten.
- Wenn Sie die Wahrheit leugnen und ihr nicht ins Gesicht sehen wollen.
- Wenn Sie jemanden durch Lügen enttäuscht haben.

Bitten an den Erzengel Michael

1. Erzengel Michael, hilf mir! Hilf mir! Hilf mir!
2. Erzengel Michael, schütze mich!
3. Erzengel Michael, gib mir Mut, um diese Situation durchzustehen!
4. Erzengel Michael, hilf mir, die Wahrheit zu finden!
5. Erzengel Michael, hilf mir, mir selbst treu zu bleiben!

Raphael strahlt
die göttliche Heilkraft aus.

Erzengel Raphael

Was bedeutet »Raphael«?

»Göttliche Heilkraft«
»Gott hat geheilt«
»Gott heilt«

Farbe

Grün/tiefes Rosa. Raphael strahlt in der Farbe der Heilung und des Herzchakras.

Schlüsselwörter

Raphael ist der Erzengel

- der Heilung
- der Ganzheit und der Einheit

Heilung

Raphael unterstützt jede schulmedizinische oder alternative Therapie. Er fördert die körperliche, seelische und geistige Heilung. Bitten Sie ihn in folgenden Fällen um Hilfe:

- Wenn Sie oder Angehörige krank sind.
- Vor einer Operation oder Therapie.
- Wenn Sie als Therapeut(in) Beistand oder Führung brauchen.
- Wenn Sie die richtige ergänzende Therapie suchen.
- Wenn Sie als Wissenschaftler(in) ein Heilmittel suchen.
- Wenn Sie Arzt/Ärztin oder Chirurg(in) sind.
- Wenn Sie körperliche oder seelische Schmerzen haben.
- Wenn Sie alte körperliche oder seelische Wunden heilen wollen.
- Wenn Sie eine Beziehung heilen wollen.

Ganzheit und Einheit

Raphael bringt Einheit ins Leben. Rufen Sie ihn in folgenden Fällen an:

- Wenn Sie nach einem erschütternden Erlebnis wieder Frieden finden wollen.
- Wenn Sie Ihrer Spiritualität entfremdet sind.
- Wenn Ihre Seele nicht mehr »ganz« ist.
- Wenn Sie den materiellen, emotionalen, mentalen und ätherischen Körper vereinigen wollen.
- Wenn Sie sich nach dem Verlust des Partners nicht mehr »ganz« fühlen.
- Wenn Sie erschüttert sind, weil eine Beziehung zerbrochen ist. Denken Sie aber daran, dass Erzengel Ihr Karma nicht löschen können.

Bitten an den Erzengel Raphael

1. Erzengel Raphael, heile meine alten Wunden!
2. Erzengel Raphael, hilf meinem Körper, heil zu werden!
3. Erzengel Raphael, heile meinen wunden Geist!
4. Erzengel Raphael, lindere meine körperlichen/seelischen Schmerzen!
5. Erzengel Raphael, hilf mir, meine Beziehung mit … zu heilen!
6. Erzengel Raphael, mache mich wieder ganz!
7. Erzengel Raphael, unterstütze mich als Heiler(in)!

Camael verkörpert reine,
bedingungslose Liebe.

Erzengel Camael

Was bedeutet »Camael«?

»Der, welcher Gott sieht«

Farbe

Rosa und Orange

Schlüsselwörter

Camael ist der Erzengel

- der bedingungslosen Liebe
- der Beziehungen, der Wiedergutmachung und des Trostes

Bedingungslose Liebe

Camael symbolisiert reine Liebe und lindert Sorgen. Rufen Sie ihn in folgenden Fällen an:

- Wenn es Ihnen schwer fällt, sich selbst zu lieben.
- Wenn Sie andere nicht lieben können.
- Wenn Ihr Herz hart geworden ist und bei negativen Gefühlen wie Neid, Schuldgefühlen, Bitterkeit oder der Unfähigkeit zu verzeihen
- Wenn Sie deprimiert, hoffnungslos oder verzweifelt sind.
- Wenn Sie einsam sind oder ein gebrochenes Herz haben.
- Wenn Sie andere gerne verurteilen oder zynisch sind.

Beziehungen, Wiedergutmachung, Trost

Camael hilft Ihnen, Beziehungen zu erneuern und zu verbessern. Rufen Sie ihn in diesen Fällen an:

- Wenn Sie Liebe an Bedingungen knüpfen: »Ich liebe dich, wenn du …« oder »Ich liebe dich nicht mehr, wenn du …«
- Wenn eine Beziehung zerbrochen ist.
- Wenn Sie Ihren Partner einengen.
- Wenn Sie eine Eltern-Kind-Beziehung stärken wollen.
- Wenn Sie einen Menschen durch Tod oder Trennung verloren haben.
- Wenn Sie oder Ihre Kinder sich haben scheiden lassen.
- Wenn Sie sich nach Liebe sehnen.
- Wenn Sie anderen nur helfen, um Dankbarkeit oder Anerkennung zu erwerben.
- Wenn Sie die Liebe in Ihrem Leben nicht genug würdigen.

Bitten an den Erzengel Camael

1. Erzengel Camael, erfülle mein Herz mit deiner bedingungslosen Liebe!
2. Erzengel Camael, hilf mir, andere und mich selbst zu lieben!
3. Erzengel Camael, entferne die negative Energie aus meinem Herzen!
4. Erzengel Camael, lindere den Schmerz in meinem Herzen!
5. Erzengel Camael, stärke meine Beziehung mit …!
6. Erzengel Camael, hilf mir, mich von meiner Beziehung mit … zu lösen!

Gabriel ist als der Erzengel bekannt,
der die Jungfrau Maria von der
bevorstehenden Geburt des Gottessohnes
unterrichtete. Er offenbarte ihr den Sinn
ihres Lebens und hilft auch uns,
unsere wahre Berufung zu finden.

Erzengel Gabriel

Was bedeutet »Gabriel«?

»Stärke in Gott« »Gott ist meine Stärke«
»Das Göttliche ist meine Stärke«

Farben

Indigo und Weiß

Schlüsselwörter

Gabriel ist der Erzengel

- der Führung
- der Vision, der Inspiration und der Prophetie
- der Reinigung

Führung

Gabriel hilft uns, unsere wahre Berufung zu finden. Bitten Sie ihn in folgenden Fällen um Führung:

- Wenn Sie von Ihrem Seelenpfad abgekommen sind.
- Wenn Sie Ihren Lebensplan verstehen wollen.
- Wenn das Leben keinen Sinn zu haben scheint.
- Wenn Veränderungen bevorstehen und Sie Führung brauchen.
- Wenn Sie an einen Umzug oder eine teure Anschaffung denken.
- Wenn Sie über einen Berufswechsel nachdenken.
- Wenn Sie eine neue Beziehung eingegangen sind.
- Wenn Sie daran denken, eine Familie zu gründen.

Vision, Inspiration, Prophezeiung

Gabriel bringt auch Ihnen Botschaften, so wie der Jungfrau Maria. Er soll Johanna von Orleans zu ihrer Mission inspiriert haben. Rufen Sie ihn an:

- Wenn Ihr »drittes Auge« geschlossen und daher Ihre Vision blockiert ist.
- Wenn Sie von Engeln Visionen erhalten möchten, die Ihnen bei einer Entscheidung helfen.
- Wenn Sie etwas über bevorstehende Veränderungen erfahren wollen.
- Wenn Sie Träume oder Visionen deuten wollen.

Reinigung

Gabriel setzt die Läuterung in Gang. Sie kann notwendig sein, um Änderungen zu ermöglichen. Rufen Sie ihn an:

- Wenn Ihr Körper verschlackt ist.
- Wenn Sie unreine oder negative Gedanken haben.
- Wenn Sie sexuell missbraucht wurden und sich schmutzig fühlen.
- Wenn jemand Sie übersinnlich angreift.
- Wenn Ihre Wohnung ausgeraubt wurde und sich unrein anfühlt.
- Wenn Sie spüren, dass Ihre Wohnung, Ihr Arbeitsplatz oder Ihre Umgebung mit negativer Energie verschmutzt ist.
- Wenn Sie spüren, dass Sie sich die Probleme eines anderen zu Eigen gemacht haben.

Bitten an den Erzengel Gabriel

1. Erzengel Gabriel, führe mich auf meinem Seelenpfad!
2. Erzengel Gabriel, enthülle mir den Sinn meines Lebens!
3. Erzengel Gabriel, hilf mir, meine Visionen zu deuten!
4. Erzengel Gabriel, inspiriere und führe mich durch den bevorstehenden Wandel!
5. Erzengel Gabriel, reinige meinen Körper, meine Seele und meinen Geist!
6. Erzengel Gabriel, entferne die Schlacken aus meinem Körper!
7. Erzengel Gabriel, säubere meinen Geist von unreinen Gedanken!
8. Erzengel Gabriel, befreie mich von übersinnlichen Angriffen!

Jophiel weckt
eine schlafende Seele
aus ihrem Schlummer.

Erzengel Jophiel

Was bedeutet »Jophiel«?

»Schönheit Gottes«

Farbe

Gelb

Schlüsselwörter

Jophiel ist der Erzengel

- des Erwachens und der Weisheit
- der Erleuchtung und der Inspiration
- der Freude

Erwachen und Weisheit

Rufen Sie Jophiel an:

- Wenn Ihre Seele schläft und aufgeweckt werden muss, damit Sie Ihre ersten Schritte auf Ihrem spirituellen Weg gehen können.
- Wenn Sie sich selbst besser verstehen wollen.
- Wenn Sie eine Verbindung mit Ihrem höheren Selbst suchen.
- Wenn Sie gegenüber den höheren Ebenen blind sind.

Erleuchtung und Inspiration

Rufen Sie Jophiel an:

- Wenn Sie eine blitzartige Erleuchtung haben wollen, sodass plötzlich alles klar wird.
- Wenn Sie Antworten auf Lebensfragen suchen.
- Wenn Sie wünschen, dass Ihnen die höhere Weisheit offenbart wird.
- Wenn Sie sich und andere besser verstehen wollen.
- Wenn Sie eine schwierige Situation erhellen wollen.
- Wenn Sie geistige Klarheit brauchen, zum Beispiel vor einem Examen.

Freude

Rufen Sie Jophiel an:

- Wenn Sie spüren, dass Sie Ihr inneres Licht verloren haben.
- Wenn Sie Freude und Lachen im Leben brauchen.
- Wenn die Sonne in Ihrem Leben nicht mehr scheint (auch bei jahreszeitlich bedingter affektiver Störung).

Bitten an den Erzengel Jophiel

1. Erzengel Jophiel, erfülle meinen Körper, meine Seele und meinen Geist mit Licht!
2. Erzengel Jophiel, hilf mir bei meinem Streben nach Erleuchtung!
3. Erzengel Jophiel, enthülle mir die ätherischen Ebenen!
4. Erzengel Jophiel, offenbare mir die höhere Weisheit!
5. Erzengel Jophiel, erfülle mich mit Freude und Lachen!

Uriel hilft Ihnen,
den inneren Frieden zu finden,
den der Verstand nicht begreifen kann.

Erzengel Uriel

Was bedeutet »Uriel«?

»Das Licht Gottes«
»Das Licht und das Feuer des Göttlichen«

Farbe

Gold und Purpur

Schlüsselwörter

Uriel ist der Erzengel
- des Friedens und der Ruhe
- des Gebens und Empfangens, des Dienens und der Hingabe

Frieden und Ruhe

Uriel beeinflusst das Sonnengeflecht, wo sich eine Menge Verspannung ansammelt. Rufen Sie ihn an:
- Wenn Sie keinen inneren Frieden finden.
- Wenn Sie inneren Aufruhr und Angst überwinden wollen.
- Wenn Sie häufig den Wohnort, den Arbeitsplatz oder Ihre Beziehungen wechseln.
- Wenn Ihre Beziehungen flüchtig und voller Streit sind.
- Wenn Sie wütend oder gereizt sind.
- Wenn Sie der Welt Frieden bringen und Kriegen und Konflikten ein Ende machen wollen.

Geben und Empfangen, Dienen, Hingabe

Rufen Sie Uriel an:
- Wenn Sie nicht großzügig sein können.
- Wenn Sie zu viel geben, bis zur Erschöpfung.
- Wenn Sie Dinge nur um des Vorteils wegen tun.
- Wenn Sie nur ungern etwas annehmen.
- Wenn Sie die Freude erfahren wollen, der Menschheit zu dienen.

Bitten an Erzengel Uriel

1. Erzengel Uriel, erfülle mich mit deinem Frieden!
2. Erzengel Uriel, befreie mich von meiner Furcht!
3. Erzengel Uriel, bringe der Welt Frieden!
4. Erzengel Uriel, hilf mir, anderen zu dienen, um deinen göttlichen Auftrag zu erfüllen!

Zadkiel transformiert uns mit der heilenden Kraft der Vergebung und verwandelt dichte, negative Energie in positive Energie.

Erzengel Zadkiel

Was bedeutet »Zadkiel«?

»Rechtschaffenheit Gottes«

Farbe

Violett

Schlüsselwörter

Zadkiel ist der Erzengel
- der Vergebung, der Gnade und der Toleranz
- der Umwandlung negativer Energie

Vergebung, Gnade, Toleranz

Vergebung ist eine große Heilerin. Ohne sie staut sich negative Energie – z. B. Wut, Hass und Schuldgefühle – an und macht uns krank. Rufen Sie Zadkiel an:
- Wenn Sie anderen nicht vergeben können.
- Wenn Sie sich selbst nicht vergeben können.
- Wenn Sie gegenüber anderen Wut, Hass, Verbitterung oder Groll empfinden.
- Wenn Sie intolerant sind.
- Wenn Sie bestimmte Aspekte Ihres Ichs nicht tolerieren können.
- Wenn Sie nicht taktvoll sein können.

Umwandlung negativer Energie

Zadkiel arbeitet mit der hochfrequenten spirituellen Energie, die als »violette Flamme« bekannt ist und die uns Saint Germain gebracht hat, ein Meister und Herr des siebten großen Energiestrahls, der vom Schöpfer ausgeht. Rufen Sie Zadkiel und Saint Germain an:
- Wenn Sie dichte, negative Energie in positive umwandeln wollen.
- Wenn Sie den Körper, die Seele und den Geist reinigen wollen.
- Wenn Sie die Hindernisse zwischen Ihnen und Gott beseitigen und Ihre spirituelle Entwicklung beschleunigen wollen.
- Wenn Sie Ihr negatives Karma umwandeln wollen.
- Wenn Sie Wunden aus früheren Leben heilen wollen.
- Wenn Sie planetares Karma auflösen wollen, das durch Kriege und andere negative Ereignisse entsteht.

Bitten an Erzengel Zadkiel

1. Erzengel Zadkiel, hilf mir, ... zu vergeben!
2. Erzengel Zadkiel, hilf mir, mir selbst zu vergeben!
3. Erzengel Zadkiel, hilf mir, gegenüber anderen und mir toleranter zu werden!
4. Erzengel Zadkiel, reinige mich mit deiner violetten Flamme!
5. Erzengel Zadkiel, transformiere mein negatives Karma!
6. Erzengel Zadkiel, hilf mir, unser planetares Karma aufzulösen!

Engel anrufen und mit ihnen kommunizieren

Ein himmlischer Ort

Wenn Sie mit den Engeln eng verbunden sein wollen, brauchen Sie einen heiligen Platz, an dem Sie mit ihnen kommunizieren. Je höher die Schwingungen an diesem Ort sind, desto besser gefällt es den Engeln dort!

Engel fühlen sich zu Orten des Friedens, der Harmonie und der Liebe hingezogen. Schaffen Sie also einen friedlichen, spirituellen Hafen, in dem Sie sich völlig entspannen, die Gedanken klären, sich konzentrieren und das Herz für die Engel öffnen können.

Den heiligen Platz reinigen

1. Gerümpel wegräumen

Dadurch vertreiben Sie negative Energie, die sich angesammelt hat. Engel mögen keine Räume voller Gerümpel. Auf diese Weise reinigen Sie auch Ihren Geist, denn Sie fühlen sich viel klarer und stärker, wenn Sie unnötiges Zeug entfernen. Werfen Sie alles weg, was Sie in den vergangenen zwei Jahren nicht benutzt oder getragen haben.

2. Den Raum gründlich säubern

Öffnen Sie die Fenster, um Licht hereinzulassen. Spielen Sie erhebende Musik, oder – besser noch – rezitieren Sie den Namen Gottes als Sprechgesang. Dadurch reinigen Sie den Raum und ihren materiellen, emotionalen, mentalen und spirituellen Körper. Jeder Mensch kennt einen oder zwei Namen Gottes, die ihn tief im Inneren ansprechen. Lassen Sie sich von Ihrer Intuition leiten. Beim Sprechgesang können Sie mit unterschiedlichen Tempi, Tonlagen und Lautstärken experimentieren. Der Sprechgesang kann langsam oder schnell, hoch oder tief, laut oder leise sein – wie es Ihnen am besten gefällt. Am wichtigsten ist, dass Sie mit Liebe im Herzen singen, denn die Schwingungen der Liebe rufen die Engel herbei. Ein Sprechgesang muss nicht kompliziert sein, um zu wirken. Sie können zum Beispiel Om Shanti, das Friedensmantra, oder Hari Om, ein stärkendes Mantra, singen. Oder wiederholen Sie einfach ein Wort, etwa »Frieden« oder »Liebe«. Natürlich können Sie auch den Namen eines Erzengels singen, zum Beispiel Michael, Camael, Gabriel oder Raphael.

3. Räucherwerk

Räucherstäbchen sind hervorragend geeignet, einen Raum zu reinigen. Bei den Indianern spielte das Räucherwerk eine wichtige Rolle. Räucherstäbchen sind Bündel aus fest zusammengeschnürten Kräutern (Salbei ist ein sehr starker Reiniger). Man zündet sie an einem Ende an und pustet die Flamme aus, damit das Stäbchen nur glimmt. Gehen Sie mit dem Räucherstäbchen langsam im Raum hin und her, vor allem dort, wo Sie negative Energie spüren. Auch die Ecken sind wichtig. Sie können den Rauch mit der Hand oder einer Feder verteilen. Es dauert nur eine oder zwei Minuten, einen Raum zu reinigen. Hinterher fühlt er sich nicht nur sauber, sondern auch warm an.

4. Weihwasser

Sie können auch Weihwasser im Raum verspritzen, um die Schwingungen anzuheben. Ich habe neulich eine wundervolle Mischung aus Weihwasser (aus dem Brunnen der Mutter Meera in Deutschland), Wasser aus dem Kelchbrunnen von Glastonbury in England und Wasser aus Lourdes in Frankreich hergestellt. Eine heilende Dreiheit! Sie brauchen nur ein paar Tropfen zu verspritzen, um die Schwingungen drastisch zu verändern.

Der Engelsaltar

Sobald der Raum sauber ist, können Sie Ihren eigenen Altar aufbauen, um die Engel zu ehren. Bedecken Sie einen kleinen Tisch oder eine Kiste mit einem schönen Stück Stoff in Ihrer Lieblingsfarbe. Stellen oder legen Sie dann ein paar Ihrer kostbarsten Dinge auf den Altar: eine Statue oder ein Bild Ihres Lieblingsengels oder spirituellen Meisters, einen Kristall, einen Stein, den Sie an einem heiligen Ort aufgehoben haben, einige frische Blumen, eine Kerze, einen Seidenschal und ein paar ätherische Öle. Weihrauch, Sandelholz, Zeder, Rosenholz, Myrte, Rose und Jasmin sind vorzügliche Öle für die spirituelle Praxis (mehr darüber in einem besonderen Kapitel). Es liegt ganz bei Ihnen, wie Sie Ihren Altar gestalten. Seine Schönheit und Ihre Liebe ziehen die Engel an.

Versuchen Sie, jeden Tag einige Minuten vor Ihrem himmlischen Altar zu verbringen. Fünf Minuten am Morgen sind ein wundervoller Beginn des Tages. Jedes Mal, wenn Sie vor Ihren Altar treten, weihen Sie Ihren heiligen Ort. Er speichert die Energie, die Sie ausstrahlen, sodass es Ihnen immer leichter fällt, sich auf die Wellenlänge der Engel einzustimmen.

Selbstreinigung

Die Selbstreinigung erleichtert es den Engeln, mit Ihnen Kontakt aufzunehmen.

1. Die Gedanken reinigen

Es ist nicht sinnvoll, wenn Sie zwar äußerlich glücklich und zufrieden sind, aber negative Gedanken hegen, etwa Eifersucht, Groll, Hass oder Furcht. Vielleicht mögen Sie die Menschen täuschen, nicht aber die Engel! Negative Gedanken verdüstern die Aura. Versuchen Sie, Ihre Aura mit Liebe, Schönheit, Frieden und Freude zu erfüllen.

Wenn Sie wütend, enttäuscht, ängstlich oder besorgt sind oder sich von anderen negativen Gefühlen nicht lösen können, sollten Sie das Gefühl oder die Gefühle auf ein Blatt Papier schreiben und dann verbrennen. Feuer ist ein hervorragender Reiniger! Vor vielen Jahren habe ich in Spanien während eines Kurses über Indianer an einer solchen Zeremonie teilgenommen. Ich verbrannte alles, was ich loswerden wollte, und spürte eine sehr tiefe Reinigung. Als ich nach England zurückkehrte, wartete ein Brief eines amerikanischen Mediums auf mich, das sechs Monate vor meinem Urlaub für mich eine Sitzung abgehalten hatte. Es wollte mir unbedingt mitteilen, dass etwas sehr Machtvolles mit mir geschehen war – und das Datum, das es nannte, war genau der Tag der Zeremonie!

Wenn Sie das Papier nicht verbrennen können, zerschneiden oder zerreißen Sie es und vergraben es dann. Meiner Meinung nach ist Feuer jedoch die wirksamste Methode.

2. Die Aura reinigen

Wenn Sie intuitiv spüren, dass immer noch negative Energie vorhanden ist, sollten Sie Ihre Aura mit einem Salbei-Räucherstäbchen reinigen.

3. Den Körper reinigen

Der Körper ist der Tempel der Seele, und er gedeiht nicht, wenn Sie sich falsch ernähren – dadurch senken Sie Ihre Schwingungsfrequenz drastisch. Sie brauchen nicht vollkommen zu sein; aber versuchen Sie, auf Zucker, Zusatzstoffe, Salz, Alkohol, Schwarztee, Kaffee, Fleisch und Milchprodukte soweit wie möglich zu verzichten. Wenn der Körper beginnt, sich auf die höheren Schwingungen der Engel einzustimmen, lässt das Verlangen nach ungesundem Essen nach. Das ist ein natürlicher Prozess. Sie wollen dann natürliche, biologisch angebaute Nahrung essen und reines, natürliches Quellwasser trinken.

4. Bestimmte Orte und Menschen meiden

Wenn Sie sich auf die Engel einstimmen, finden Sie möglicherweise einige Ihrer Freunde und Bekannten nicht mehr so anziehend. Falls bestimmte Menschen Sie deprimieren oder ermüden, sollten Sie nach und nach weniger Zeit mit ihnen verbringen, zumindest für eine Weile; denn Sie nehmen die negative Energie dieser Leute in sich auf, während sie Ihre positive Energie absorbieren und sich dabei prächtig fühlen.

Auch manche Orte (etwa verräucherte Bars und laute Diskotheken) verlieren jetzt an Reiz. Das ist ebenfalls ein natürlicher Vorgang.

5. Bitten Sie Engel, Ihnen zu helfen

Wenn Sie immer noch das Gefühl haben, unrein zu sein, bitten Sie die Engel der Reinigung in der Meditation oder vor dem Einschlafen, Sie im Schlaf oder während der Meditation zu reinigen. Tun Sie das so oft wie nötig, und Sie erwachen erfrischt und sauber.

6. Erzengel Michael anrufen

Wenn Sie spüren, dass ein Mensch sich an Sie klammert (vielleicht ein ehemaliger Partner), rufen Sie den Erzengel Michael und bitten ihn vor dem Einschlafen oder in der Meditation, das ätherische Band zu trennen, das Sie mit dem anderen verbindet und Ihnen Energie raubt.

Die Anwesenheit der Engel spüren

Engel haben viele Möglichkeiten, sich zu offenbaren.
Da sie auf einer anderen Schwingungsebene leben,
können die meisten Menschen sie nicht sehen,
wohl aber ihre Gegenwart spüren –
auch ohne tief religiös zu sein.

Folgende Anzeichen deuten auf
die Anwesenheit eines Engels hin:

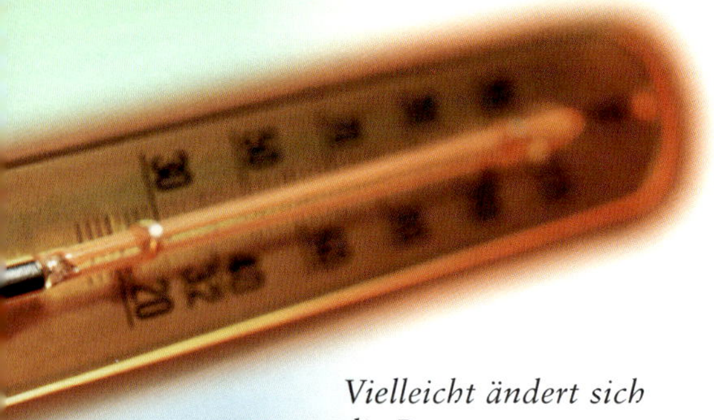

Vielleicht ändert sich die Raumtemperatur, wenn ein Engel anwesend ist.

1. Die Temperatur im Raum verändert sich. Sie spüren einen warmen Luftzug oder sehen ein warmes Glühen. Vielleicht bekommen Sie eine Gänsehaut, vielleicht prickelt der Hals oder der Kopf.

2. Ein sonderbarer Duft erscheint aus dem Nichts. Vielleicht haben Sie ihn noch nie gerochen und können ihn nicht identifizieren oder beschreiben. Die Engel, die mit mir arbeiten, haben einen köstlichen Geruch.

3. Bunte Lichter erscheinen aus dem Nichts. Sie sehen Lichtstrahlen, Funken oder Schatten. Fürchten Sie sich nicht: Sie werden keinen Engel sehen, ehe Sie dafür bereit sind. Die Engel wollen Sie nicht erschrecken.

4. Sie hören engelhafte Stimmen, die mit Ihnen sprechen wollen. Das nennt man Hellhören. Ist die Stimme nur ein Flüstern oder unterdrückt, bitten Sie den Engel, lauter zu sprechen. Nehmen Sie nicht einfach an, dass die Stimme bloße Fantasie ist oder dass Sie den Verstand verlieren!

5. Es auch möglich, dass Sie im Körper etwas spüren, vor allem im Herzen. Oft stellt sich ein überwältigendes Gefühl der Liebe und des Mitgefühls ein, wenn Engel da sind. Vielleicht füllen sich Ihre Augen mit Freudentränen, ohne dass Sie wissen, warum.

6. Weiße Federn tauchen an den unwahrscheinlichsten Orten auf. Das ist ein Zeichen dafür, dass die Engel bei Ihnen sind, bereit, Ihre Fragen zu beantworten.

7. Engel erscheinen in Ihren Träumen und zeigen Ihnen die Lösung eines Problems. Am Morgen fühlen Sie sich viel besser und sehen den Weg, den Sie einschlagen müssen, klarer.

8. Sie spüren, dass jemand da ist, Sie gestreift hat oder hinter Ihnen steht – oder Ihnen sogar die Hände auf die Schultern legt.

9. Manchmal zeigen die Engel ihre Anwesenheit sehr deutlich. Das geschieht oft in einer Buchhandlung: Sie suchen nach Führung, und ein Buch fällt vom Regal, an dem Sie vorbeigehen. Hier sind Engel am Werk. Vertrauen Sie ihnen, und Sie erhalten immer mehr Zeichen.

Alle diese Zeichen sind sehr positiv und erwünscht. Sie sagen Ihnen, dass die Engel bereit sind und Ihnen dienen wollen.

Engel rufen

Die Engel warten auf Ihren Ruf, aber sie mischen sich meist nicht ohne Aufforderung in Ihr Leben ein. Sie achten den freien Willen und erscheinen nur sehr selten, nur im äußersten Notfall, ohne dass sie gebeten wurden.

Engel warten darauf, dass Sie ein Anliegen äußern. Es muss allerdings einige Bedingungen erfüllen:

1. Es muss positiv sein.
2. Es darf anderen nicht schaden.
3. Es darf nicht in Ihr Karma eingreifen. Die Seele muss bestimmte Lektionen lernen, um in diesem Leben Fortschritte zu machen. Es liegt auch an unseren guten und bösen Taten in diesem Leben und in früheren Existenzen, ob die Engel eine Bitte erfüllen dürfen. Manchmal können sie aber die Auswirkungen unseres Karmas lindern.

Es gibt viele Methoden, Engel herbeizurufen. Suchen Sie Ihren heiligen Ort auf, um mit ihnen zu sprechen. Die folgenden Anregungen helfen Ihnen bei der Arbeit mit den Himmelswesen.

1. Schreiben Sie Ihren Engeln

Setzen Sie sich an Ihrem heiligen Platz ruhig hin. Sorgen Sie dafür, dass Sie nicht abgelenkt werden. Ziehen Sie den Telefonstecker, und schließen Sie, wenn möglich, die Tür zu. Spielen Sie inspirierende Musik, zünden Sie eine Kerze an, verbrennen Sie ätherische Öle.

Schütten Sie Ihren Engeln nun Ihr Herz aus. Selbst wenn Sie sehr nervös sind, beruhigen Sie sich erstaunlich schnell, sobald Sie zu schreiben beginnen. Schreiben Sie alle Ihre Probleme und Sorgen auf, als schrieben Sie ihrem besten Freund. Sie werden bald merken, dass Ihr Blickwinkel sich ändert, und hinterher fühlen Sie sich viel besser und entspannter. Übergeben Sie Ihre Last dann den Engeln, und bitten Sie um eine Lösung.

Zum Schluss senden Sie den Menschen, die Sie verletzt haben, Gedanken des Friedens und der Liebe. Sie werden von den Folgen erstaunt sein!

2. Rufen Sie die Engel

Es ist nicht immer möglich, mit Engeln laut zu sprechen – zum Beispiel wenn Sie auf den Bus warten oder im Supermarkt einkaufen. Aber Sie können die Engel jederzeit und überall stumm bitten, Ihnen zu helfen. Denken Sie einfach: »Engel, bitte helft mir!« Es ist so leicht und sehr wirksam.

3. Beten Sie laut zu den Engeln

Sie erhalten eine sehr klare Antwort, wenn Sie mit ihren Engeln regelmäßig laut sprechen. Wir wenden uns oft unbewusst an Gott, und wenn etwas schief geht oder wir unter Druck stehen, rufen wir »Oh mein Gott!« oder »Um Himmels willen!«

Je öfter Sie mit Ihren Engeln sprechen, desto wirksamer werden Ihre Gebete und desto enger wird Ihr Kontakt mit den Himmelsboten.

Die Macht Ihrer Stimme bekräftigt Ihre Bitte. Wenn Sie nicht sprechen, kommen die Engel ebenfalls; aber lautes Sprechen ist offenbar wirksamer. Bitten Sie die Engel um Hilfe, um Schutz für Angehörige oder Kinder (ich tue das jeden Tag, wenn meine Kinder in den Schulbus steigen). Wenn Sie Freunde haben, die Trost oder Rat brauchen, können Sie die Engel darum bitten, selbst wenn Ihre Freunde nicht an Engel glauben und gar nicht wissen, dass Sie für sie beten.

Sie können sogar für Menschen beten, die Sie gar nicht kennen. Angenommen, Sie lesen von einem Verbrechen oder von einer Katastrophe, etwa einer Flut oder einem Erdbeben. Rufen Sie dann das Licht der Engel an, um die Betroffenen zu heilen und zu trösten.

4. Visualisieren Sie die Engel

Sie können sich Engel in jeder beliebigen Gestalt vorstellen, denn sie können jede Gestalt annehmen. Vielleicht sehen Sie Ihren Engel als hellen Lichtstrahl oder als Wesen mit schönen Flügeln, die Sie einhüllen und schützen. Jeder Mensch hat seine eigenen Ideen.

So beschreibt eine meiner Patientinnen ihren Engel, den Erzengel Michael:

Sehr groß – 2,70 bis 3 Meter groß.

Mächtig, unglaublich stark.

Er hält das gewaltige Schwert der Wahrheit in beiden Händen.

Das Schwert berührt die Erde. Das erinnert mich ans Kreuz, das über den irdischen Tod hinausgeht und bis ins ewige Licht des Himmels reicht.

Das Schwert funkelt in allen Farben des Regenbogens, wie Kristalle.

Er ist in goldenes Licht gehüllt, das sich bis ins Unendliche ausdehnt. Das strahlende Licht blendet aber nicht.

Er wirkt beruhigend, sanft, friedvoll.

Er ist stark, mächtig und fürsorglich und schützt mich vor allem Negativen.

Seine Stimme ist tief, wohltönend und sehr selbstsicher, bestimmt und Vertrauen einflößend.

Chloe-Jasmine Whichello (11 Jahre alt) beschreibt ihren Engel so:

Mein Engel

Ariel schwebt hoch oben im Himmel und schlägt dabei sanft
mit ihren goldenen Flügeln. Ihr goldenes Haar fällt bis zur Taille,
und ihre blaugrünen Augen funkeln. Sie bringt der Welt Freude und Liebe.
In Gewänder aus purpurfarbener Seide gehüllt, schützt sie die Erde
und ihre Bewohner. Das Gras wird grüner, wenn sie in der Nähe ist.
Der dunkle Himmel wird heller, wenn die Sonne auf die Welt scheint.
Möge die raue See sich beruhigen, wenn Ariel darüber schwebt.

Ariel ist mein Engel, und sie versucht jeden Tag, mich zu schützen.
Sie ist in jedem Menschen, aber jeder hat seinen eigenen Engel.
Engel reinigen den Geist und ermutigen uns, der Welt zu zeigen,
was für erstaunliche Wesen wir sind. Wenn Ariel singt, beben der Himmel
und die Erde unter den Tönen, die aus ihrem Mund fließen.
Jeder Mensch hat seinen Platz im Himmel, sogar wenn er böse ist.
Engel akzeptieren jeden, auch dich. Mögest du auf deiner Reise
zur Erleuchtung deinen Engel finden.

5. Träumen Sie von den Engeln

Sie können auch im Traum mit Ihren Engeln reden. Während wir träumen, ist das Tor zur Ebene der Engel weit offen. Warum laden Sie Ihre Engel nicht in Ihre Träume ein? Das ist ganz einfach: Legen Sie den Kopf aufs Kissen, und sprechen Sie laut oder leise ein Gebet, zum Beispiel dieses: »Engel, bitte arbeitet heute Nacht mit mir in meinem Traum. Helft mir, den richtigen Weg zu finden.«

Natürlich können Sie auch eine ganz bestimmte Bitte äußern. Wenn Sie beispielsweise ein Beziehungsproblem haben, rufen Sie den Erzengel Camael und die Engel der Liebe.

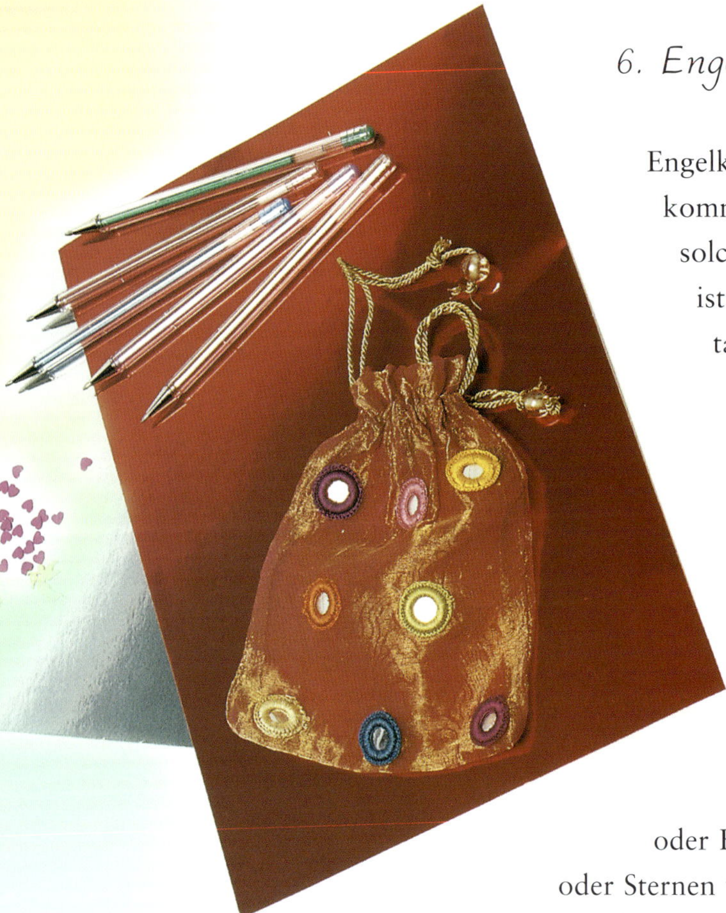

Material für Engelkarten.

6. Engelkarten

Engelkarten sind eine sehr gute Methode, mit Engeln zu kommunizieren, und sie machen großen Spaß. Sie können solche Karten in einigen Buchhandlungen kaufen, aber es ist oft besser, sie selbst herzustellen, weil das Ihren Kontakt mit den Engeln vertieft. Dadurch geben Sie ihnen die Möglichkeit, Sie zu erreichen und zu beraten. Karten sind ein schönes Band zwischen Ihnen und den Himmelsboten; sie fördern die Intuition und helfen Ihnen, sich auf einen bestimmten Aspekt Ihres Lebens zu konzentrieren und sich selbst besser zu verstehen.

Sie brauchen kein Künstler zu sein, um Engelkarten zu fertigen. Alles, was Sie benötigen, sind mehrere bunte Kartonstücke und einige Füllhalter oder Buntstifte. Sie können die Karten mit farbigen Pailletten oder Sternen verschönern oder Bilder von kleinen, glitzernden Engeln, Schneeflocken und anderen Motiven kaufen und auf die Karten kleben. Auf jede Karte schreiben Sie ein Attribut Ihrer Engel. Eine abschließende Liste solcher Attribute gibt es nicht; seien Sie also kreativ. Anhaltspunkte gibt die Liste auf der nächsten Seite. Es liegt ganz bei Ihnen, wie viele Karten Sie herstellen. Zum Aufbewahren eignet sich ein schöner Beutel, eine Schachtel oder ein Briefumschlag.

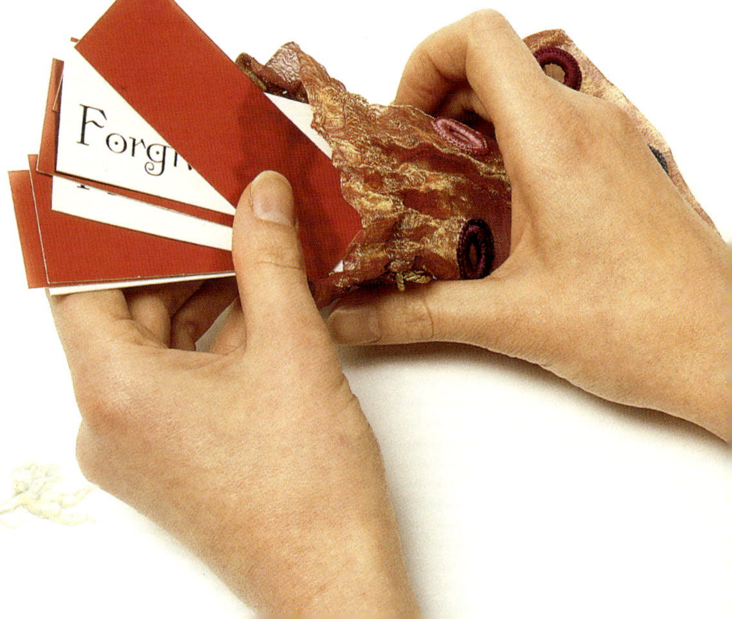

Attribute von Engeln

Abenteuer
Ausgewogenheit
Begeisterung
Einfachheit
Flexibilität
Freiheit
Freundschaft
Freude
Frieden
Fülle
Geduld
Glaube
Harmonie
Heilung
Humor
Inspiration
Intuition
Kommunikation
Kreativität
Licht
Liebe
Macht
Mut
Reinigung
Romantik
Segen
Sinn
Spiel
spirituelles Wachstum
Spontaneität
Stärke
Studium
Synchronizität
Tüchtigkeit
Verantwortung
Vergebung
Verständnis
Vertrauen
Wahrheit
Zuverlässigkeit

Die Arbeit mit den Engelkarten

Bevor Sie anfangen, sollten Sie sich entspannen. Atmen Sie tief und ruhig, und spüren Sie, wie Verspannungen sich lösen.

1. Die Einstimmung auf einen Engel

Legen Sie die Karten verdeckt auf den Tisch, schließen Sie die Augen, und laden Sie einen Engel ein. Wählen Sie dann intuitiv eine Karte aus.

Stimmen Sie sich ein paar Minuten auf diese Engelkarte ein. Denken Sie darüber nach, was sie über Ihr Leben aussagt. Legen Sie die Karte dann an einen gut sichtbaren Ort, oder tragen Sie sie bei sich, damit Sie immer wieder an das Attribut denken, das sie ausgewählt haben.

2. Die Frage

Mischen Sie die Karten gut, und stellen Sie dabei eine Frage an die Engel. Vielleicht wissen oder spüren Sie, wann es Zeit ist, mit dem Mischen aufzuhören, oder Sie hören engelhafte Stimmen, die es Ihnen sagen. Wenn Sie hellsichtig sind, erhalten Sie einen visuellen Hinweis; eine Karte kann zum Beispiel etwas schräg stehen. Ziehen Sie dann eine Karte als Antwort auf Ihre Frage.

3. Vergangenheit, Gegenwart und Zukunft
Legen Sie die Karten nach dem Mischen verdeckt auf den Tisch. Wählen Sie dann drei Karten aus. Die Karte links symbolisiert die jüngste Vergangenheit, die mittlere die Gegenwart und die rechte die mögliche Zukunft. Angenommen, Sie haben »Freundschaft«, »Vergebung« und »Harmonie« gewählt. Das könnte bedeuten, dass ein Freund oder eine Freundin Sie im Stich gelassen hat. Die Engel wollen Ihnen sagen, dass Sie vergeben lernen müssen und dass die Freundschaft wieder harmonisch wird, wenn Sie vergeben. Sollte die Deutung Ihnen schwer fallen, hilft Ihnen der Erzengel Zadkiel. Je mehr Übung Sie haben, desto leichter wird die Auslegung.

4. »Worauf soll ich mich konzentrieren?«
Mischen Sie die Karten, und fragen Sie dabei die Engel, was Sie als Nächstes tun sollen. Wählen Sie dann drei Karten aus. Die Erste sagt, worauf Sie sich jetzt konzentrieren sollen. Die Zweite sagt, was die Engel Sie lehren wollen. Die Dritte deutet an, wie die derzeitige Situation sich entwickeln wird. Angenommen, Sie haben »Reinigung«, »Loslassen« und »Spirituelles Wachstum« gewählt. Dann raten die Engel Ihnen, Ihr Leben zu reinigen, also schlechte Gewohnheiten aufzugeben, alte Beziehungen zu lösen und so weiter. Das wird Ihr spirituelles Wachstum beschleunigen.

5. Körperlich, seelisch, geistig
Wählen Sie drei Karten. Die Erste symbolisiert den Körper, die Zweite die Gefühle, die Dritte den Geist.

6. Familie und Gruppen

Stellen Sie einen Korb mit Ihren Karten auf den Tisch, wenn Sie mit der Familie oder mit Freunden essen. Jeder zieht intuitiv eine Karte, um zu erfahren, welchen Engel er an diesem Tag oder in der folgenden Woche anrufen soll.

7. Engelkalender

Wählen Sie an Ihrem Geburtstag oder an Neujahr zwölf Karten aus, einen Engel für jeden Monat des Jahres. Notieren Sie sich diese Engel, und achten Sie darauf, wie jeder Engel Sie durch die kommenden Monate geleitet.

8. Vor dem Schlafengehen

Wählen Sie eine Engelkarte aus, bevor Sie zu Bett gehen, und legen Sie die Karte unters Kopfkissen, um Träume zu inspirieren. Träume können Rat und Einsichten vermitteln. Legen Sie einen Notizblock auf den Nachttisch, und schreiben Sie auf, was Ihnen an einem Traum wichtig erscheint. Versuchen Sie nicht krampfhaft, den Traum zu deuten – die Botschaft wird zur rechten Zeit klar. Seien Sie geduldig.

9. Eine Karte für einen Freund

Wenn Sie eine Karte für einen Freund oder eine Freundin auswählen, muss er oder sie nicht dabei sein. Bitten Sie um einen Engel, der Ihrem Freund oder Ihrer Freundin auf dem spirituellen Pfad oder bei einem Problem helfen kann.

Mit dem Schutzengel reden

Denn er hat seinen Engeln befohlen,
dass sie dich behüten
auf allen deinen Wegen.

Psalm 91:11

Ihr Schutzengel begleitet Sie durch alle Inkarnationen. Er unterstützt Sie bei allen Prüfungen und Sorgen und liebt Sie bedingungslos, einerlei, was Sie tun.

Normalerweise spüren wir die Gegenwart unseres Schutzengels nur in Krisenzeiten, wenn wir verzweifelt um Hilfe rufen. Denken Sie daran: Ihr Schutzengel ist immer bei Ihnen. Er ist Ihre Brücke zur spirituellen Ebene. Die folgende Übung hilft Ihnen, mit Ihrem Schutzengel Kontakt aufzunehmen. Das ist überraschend einfach, selbst wenn Sie keine meditative Erfahrung haben – Sie brauchen sich nur auf den Engel einzustimmen. Die Beziehung zwischen Ihnen und Ihrem Schutzengel wird Ihr Leben verändern und Sie auf eine spirituelle Entdeckungsreise schicken!

Vorbereitung

Wählen Sie eine Tageszeit, in der niemand Sie stört, und gehen Sie an Ihren heiligen Ort – an Ihren Altar. Zünden Sie eine Kerze, ein Räucherstäbchen oder eine Aromalampe an, damit wundervolle Düfte sich im Zimmer ausbreiten. Tragen Sie bequeme, lockere Kleider. Ein lockeres T-Shirt ist am besten, geeignet ist jedoch jede Kleidung, die nicht einengt. Legen Sie reichlich Kissen um sich herum, damit Sie sich entspannen können. Falls Ihnen kühl wird, wickeln Sie sich in eine Decke ein.

Halten Sie ein Engel-Notizbuch und einen Füllhalter griffbereit, um Antworten aufzuschreiben, die Sie empfangen. Benutzen Sie einen »Lieblingsfüller« (meiner ist mit rosa Herzen verziert) oder sogar mehrere Füllhalter mit Tinten in verschiedenen Farben – für jeden Engel eine. Sobald Sie eine Botschaft bekommen, notieren Sie den Inhalt und das Datum. Sie werden später überrascht sein, wie genau die Mitteilungen sind und wie groß der Nutzen ist, den Sie davon haben. Wenn Sie Engelsbotschaften aufschreiben, wissen die Engel, dass Sie ihre Ratschläge zu schätzen wissen – und umso mehr Botschaften werden Sie erhalten.

Sie können dabei schöne Musik hören oder in der Stille arbeiten. Ich finde, man hört die Engel besser, wenn alles ruhig ist. Experimentieren Sie, und finden Sie heraus, was Ihnen zusagt.

Das Tor zur Welt der Engel

Sie können die Anweisungen auf Tonband aufnehmen, wenn Sie mit dieser Übung beginnen. Sobald Sie damit vertraut sind, brauchen Sie das Band nicht mehr.

1. Setzen Sie sich bequem hin, am besten mit gekreuzten Beinen auf einige Kissen. Wenn es Ihnen lieber ist, können Sie die Übung aber auch auf einem Stuhl oder Hocker machen. Der Rücken sollte gerade sein, damit Sie eine starke Verbindung mit der Erde herstellen können. Dann fühlen Sie sich ausgewogen, sicher, konzentriert und empfangsbereit.

2. Konzentrieren Sie sich auf Ihren Körper, und visualisieren Sie Wurzeln, die aus dem Steißbein (oder aus den Fußsohlen, falls Sie auf einem Stuhl sitzen) wachsen und sich tief in die Mitte der Erde senken. Jetzt sind Sie fest mit der Erde verbunden.

3. Achten Sie auf die Atmung, und atmen Sie ein paar Mal tief durch die Nase. Atmen Sie langsam ein, während Sie bis vier zählen, und halten Sie den Atem dann an, während Sie bis zwei zählen. Beim Ausatmen zählen Sie ebenfalls bis vier und während der Pause bis zwei. Wiederholen Sie diese Atemzüge, bis Sie merken, dass das endlose Geplapper Ihrer Gedanken aufhört. Sobald neue Gedanken auftauchen, lassen Sie sie einfach vorbeiziehen.

4. Beim Einatmen spüren Sie, wie das schöne, heilende Licht der Engel Ihren Körper durchflutet. Beim Ausatmen lösen sich alle Verspannungen im Kopf, im Hals, in den Schultern und im Rücken. Suchen Sie den Körper vom Scheitel bis zur Sohle nach Verspannungen ab. Wenn Sie eine verspannte Stelle finden, spannen Sie die Muskeln dort noch stärker an und lockern sie dann beim Ausatmen. Sie können beim Ausatmen tief seufzen, um restlichen Stress oder Gifte im Körper loszuwerden – beide fließen durch Ihre »Wurzeln« ins Zentrum der Erde. Atmen Sie heilendes Licht ein, und atmen Sie Spannungen im Körper und im Geist aus, bis Sie spüren, dass Sie ruhig und entspannt sind.

5. Konzentrieren Sie sich jetzt auf das Herz, denn dort verbinden die Engel sich mit Ihnen. Legen Sie die Hände aufs Herz, wenn Sie wollen, und visualisieren Sie Licht tief im Herzen – das ist Ihr göttlicher Funke. Verbinden Sie sich mit ihm.

6. Wenn Sie tief entspannt sind, sagen Sie: »Ich werde bis zehn zählen und mich dann in einem höheren Bewusstseinszustand befinden, in dem ich mit Engeln kommunizieren kann. Eins, zwei, drei, vier, fünf, sechs, sieben, acht, neun, zehn.« Nun fühlen Sie sich eng mit den Energien des Himmels und mit Ihrem Schöpfer verbunden und bleiben gleichzeitig geerdet.

7. Laden Sie Ihren Schutzengel ein. Stellen Sie sich vor, er steht neben Ihnen. Vielleicht spüren Sie seine sanften, schützenden Flügel oder seine unbeschreibliche Liebe. Genießen Sie die Wärme dieser Liebe, während Ihr Herz sich öffnet und mit bedingungsloser Liebe, Zärtlichkeit und Mitgefühl füllt. Sie baden in der Liebe Ihres Schutzengels. Es kann auch sein, dass Sie wunderschöne – vielleicht sogar unbekannte – Farben sehen, dass der Engel eine Gestalt annimmt oder dass Sie Bilder oder Symbole empfangen. Manche Menschen hören eine Stimme oder sogar himmlische Musik. Engelsmusik ist die herrlichste Musik, die Sie je gehört haben. Bisweilen erscheint ein köstlicher Duft aus dem Nichts – ein exquisites Geschenk des Himmels. Spüren Sie Ihren Schutzengel, und atmen Sie seine Liebe ein.

8. Fragen Sie Ihren Schutzengel laut oder in Gedanken nach seinem Namen, und warten Sie geduldig auf eine Antwort. Hören Sie die Stimme des Engels im Herzen und in der Kehle. Bleiben Sie in engem Kontakt mit Ihren Gefühlen (über sie nehmen die Engel meist zuerst Kontakt mit uns auf). Machen Sie sich keine Sorgen, wenn Sie keine Antwort bekommen; vielleicht erfahren Sie den Namen beim nächsten Mal. Falls Sie ihn schlecht verstanden haben, bitten Sie den Engel, lauter und deutlicher zu sprechen.

Zählen Sie bis 10, um sich auf die Ebene der Engel einzustimmen.

9. Bleiben Sie bei Ihrem Schutzengel, solange Sie wollen. Atmen Sie seine bedingungslose Liebe, sein Licht und seine Freude ein. Bitten Sie ihn, Ihnen seinen Schutz und seine Führung deutlicher bewusst zu machen.

10. Wenn Sie bereit sind, danken Sie Ihrem Schutzengel für seine Hilfe und für den Segen, den Sie im Leben empfangen.

11. Zählen Sie langsam von zehn bis eins. Wenn Sie aufwachen, fühlen Sie sich erfrischt und erfüllt von Liebe und strahlendem Licht. Sie empfinden Frieden und Harmonie und übertragen die bedingungslose Liebe auf andere. Werden Sie sich Ihres Körpers bewusst, und spüren Sie den Kontakt mit dem Boden. Wackeln Sie sanft mit den Fingern und Zehen. Achten Sie auf die Atmung. Nehmen Sie auch Ihre Umgebung und deren Geräusche und Gerüche wieder wahr. Öffnen Sie dann ganz langsam die Augen.

Nehmen Sie sich zum Schluss einige Minuten Zeit, um Botschaften und Erfahrungen möglichst spontan zu notieren. Ändern Sie nichts, um den Stil zu verbessern: Die Worte, die Ihr Schutzengel Ihnen übermittelt hat, sind bereits vollkommen und müssen nicht überarbeitet werden. Sie können Worte, Bilder, Symbole oder Gefühle empfangen. Akzeptieren Sie jede Botschaft dankbar, und weisen Sie keine Information und keinen Rat zurück.

Nach einer Begegnung mit dem Schutzengel fühlen sich die meisten Menschen aufgewühlt und voller Liebe und Frieden. Wenn es Ihnen ebenso geht, hatten Sie zweifellos Kontakt mit ihrem Engel.

Ich hoffe, Sie hatten Freude an der Begegnung mit Ihrem Schutzengel – es war die Erste von vielen!

Helfen Sie Freunden, ihrem Engel zu begegnen

Es macht Spaß, Freunden oder Partnern bei der Kommunikation mit den Engeln zu helfen. Vielleicht hat Ihr Partner oder eine Freundin schon erfolglos versucht, Kontakt aufzunehmen, und ist jetzt entmutigt und enttäuscht. Manche Menschen glauben, sie seien nicht spirituell genug, andere fürchten sich sogar vor Engeln; sie brauchen ein wenig Ermutigung. Wenn zwei oder mehr Leute gemeinsam mit Engeln arbeiten, steht ihnen ein wirklich magisches Erlebnis bevor!

Vorbereitung

Wählen Sie eine Tageszeit, in der niemand Sie stört, und gehen Sie an Ihren Engelsaltar. Zünden Sie eine Kerze und ein Räucherstäbchen an, verbrennen Sie ein ätherisches Öl, und legen Sie frische Blumen auf den Altar, um die Schwingungen im Raum zu erhöhen. Reden Sie möglichst wenig miteinander und nur positive Worte; denn Engel fühlen sich von Klatsch und negativer Energie nicht angezogen. Sie lieben Frieden, Harmonie und Freude.

Tragen Sie bequeme, lockere Kleidung. Sie brauchen genügend Platz, damit Sie um Ihren Partner herumgehen können, und er sollte sich nicht wegen eines Gürtels oder eines anderen Kleidungsstücks beengt fühlen. Wenn Sie barfuß gehen, fühlen Sie sich wohl und geerdet.

Ihr Partner kann während der Übung liegen oder sitzen, je nachdem, was für ihn am bequemsten ist.

Ihr Partner kann irgendeine bequeme Position einnehmen und sich rücklings auf eine gut gepolsterte Unterlage auf den Boden legen, etwa auf eine oder zwei Decken oder einen Schlafsack. Unter seinen Kopf und seine Knie legen Sie kleine Kissen. Decken Sie ihn mit einer Decke oder einem Handtuch zu, denn die Körpertemperatur fällt während der Übung. Auch Sie brauchen ein Kissen, um darauf zu knien.

Ihr Partner kann auch auf einem Kissen sitzen oder knien. Auch ein Hocker ist geeignet, sofern die Füße fest auf dem Boden aufliegen. Der Rücken muss gerade sein, um eine starke Verbindung mit der Erde herzustellen und die Energie der Engel nicht zu behindern.

Dämpfen oder löschen Sie das Licht, und zünden Sie noch ein paar Kerzen an. Helles Licht erschwert die Entspannung.

Die Begegnung mit dem Schutzengel

1. Knien Sie neben die Füße des Partners. Schließen Sie die Augen, atmen Sie ein, und erden Sie sich. Legen Sie die Hände sehr sanft auf die Füße des Partners, und sagen Sie zu ihm:

   Visualisiere winzige Wurzeln, die aus deinen Fußsohlen und aus deinem Steißbein bis in die Mitte der Erde wachsen. Sie erden dich, damit du dich sicher fühlst.

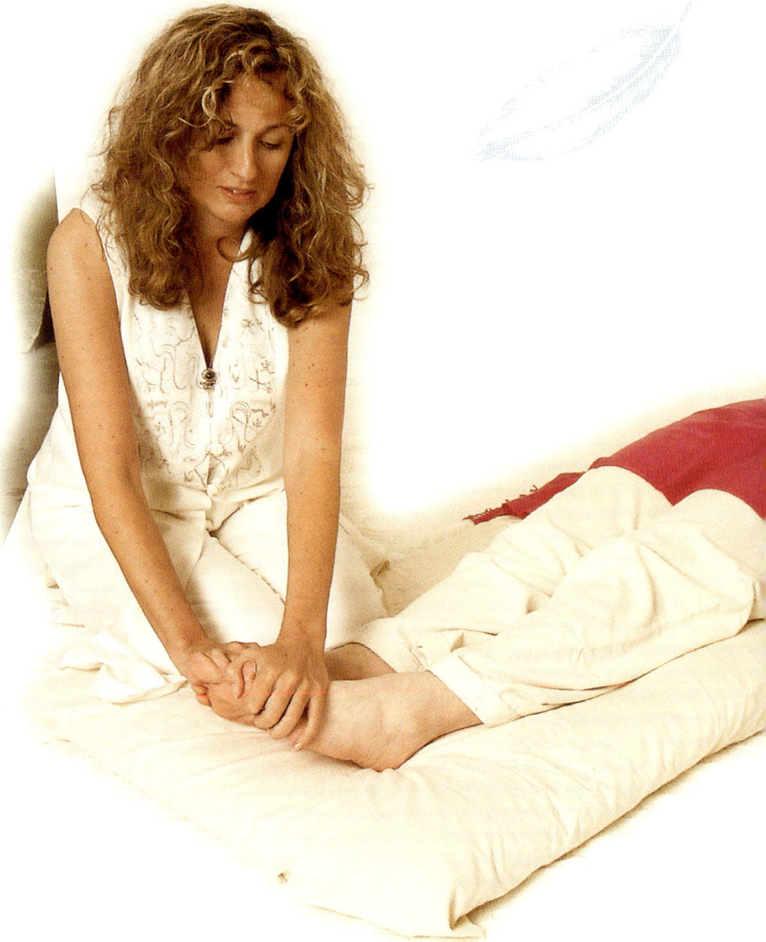

2. Knien Sie nun hinter den Kopf des Partners, und legen Sie ihm sanft die Hände auf die Schultern. Sagen Sie zu ihm:

   Konzentriere dich auf die Atmung. Atme ein paar Mal tief ein und aus. Atme das Licht und die Liebe der Engel ein und Verspannungen aus.

   Der Partner atmet so oft ein und aus, wie es notwendig ist.

3. Sagen Sie nun zu ihm:

Konzentriere dich auf deinen Körper, zuerst auf das rechte Bein und den rechten Fuß. Spanne dort die Muskeln an, lockere sie und löse alle Verspannungen. Konzentriere dich nun auf den Bauch. Spanne ihn an und lockere ihn. Jetzt den Brustkorb anspannen und entspannen. Zieh die Schultern nach vorne und nach oben zu den Ohren. Entspanne sie. Balle die rechte Hand zur Faust und hebe den rechten Arm ein wenig vom Boden hoch. Entspanne dich. Balle die linke Hand zur Faust, und hebe den linken Arm ein wenig vom Boden hoch. Entspanne dich. Bewege den Hals sanft hin und her. Entspanne ihn. Spanne alle Gesichtsmuskeln an, und lockere sie. Prüfe deinen Körper vom Scheitel bis zur Sohle, und löse jede Verspannung, die du entdeckst.

Warten Sie eine Minute oder zwei, bis der Partner ganz locker ist.

4. Legen Sie die Hände sanft auf den Kopf des Partners, und sagen Sie zu ihm:

Visualisiere, wie dein Körper das liebevolle, schützende Licht des Engels aufnimmt. Spüre, wie die Lichtstrahlen vom Scheitel bis in die Füße fließen und Blockaden behutsam entfernen. Genieße das strahlende Licht.

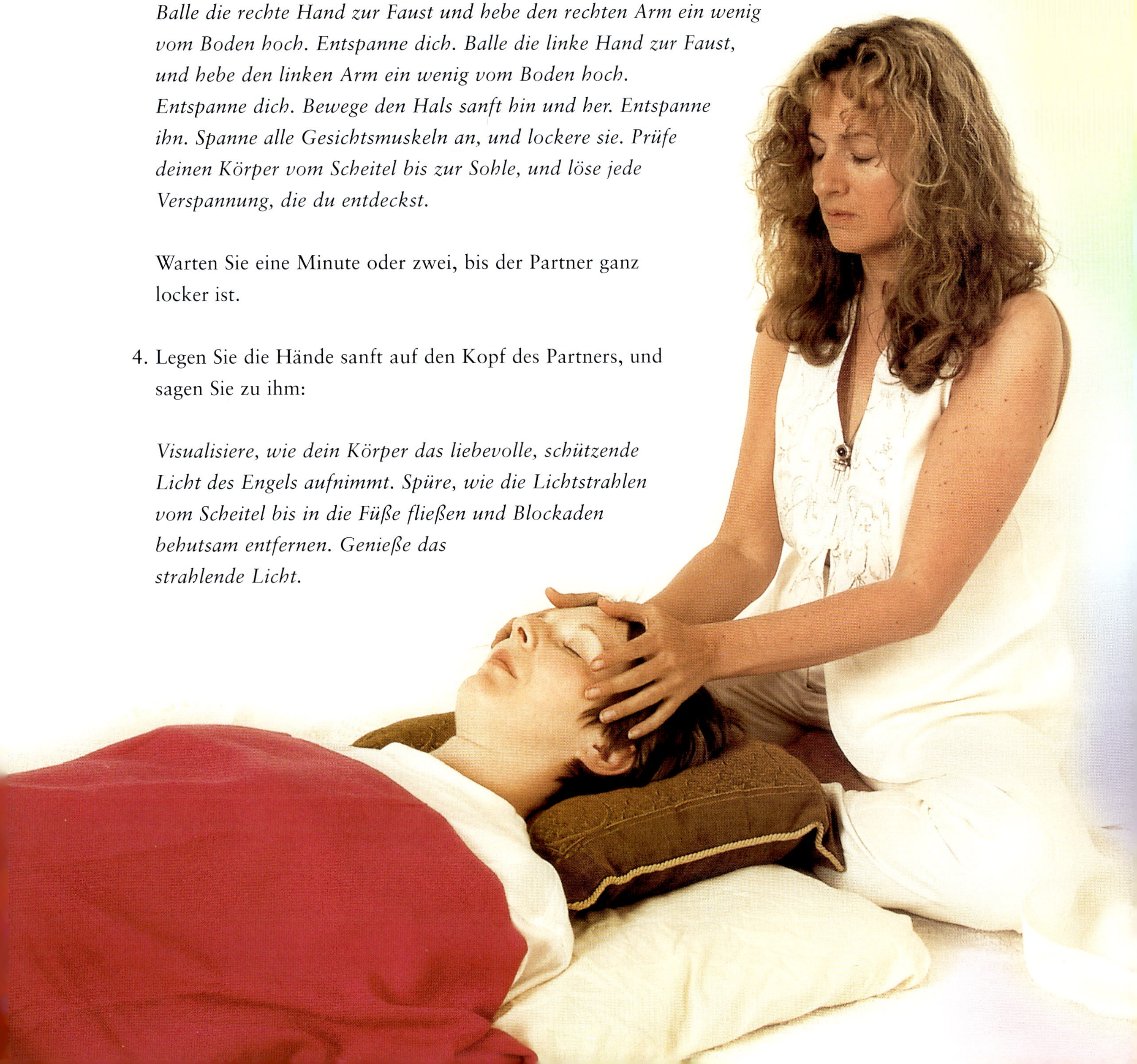

5. Legen Sie die Hände langsam und sanft auf das Herz des Partners, und sagen Sie:

Konzentriere dich auf dein Herz, und visualisiere es als schöne rote Rose. Die Rose öffnet sich langsam, ein Blütenblatt nach dem anderen, und füllt sich mit bedingungsloser Liebe. Hier verbindet sich dein Schutzengel mit dir. Lade ihn in dein Herz ein.

Geben Sie Ihrem Partner etwa eine Minute Zeit, um sich auf seinen Schutzengel einzustimmen.

6. *Frag deinen Schutzengel laut oder in Gedanken: »Wie heißt du?« Warte auf die Antwort. Stelle ihm nun deine Fragen.*

Geben Sie Ihrem Partner ein paar Minuten Zeit, um Antworten zu empfangen und die Liebe und das Licht des Engels zu genießen.

7. *Jetzt bist du bereit für die Rückkehr. Danke deinem Engel für seinen Rat, seine Liebe und seinen Schutz. Ich zähle nun ganz langsam von zehn bis eins. Bei »eins« bist du dir deines Körpers sehr bewusst. Zehn, neun, acht, sieben, sechs, fünf, vier, drei, zwei, eins.*

Während Sie zählen, entfernen Sie die Hände sehr langsam vom Herzen.

8. Knien Sie neben die Füße Ihres Partners, und legen Sie die Hände sanft darauf. Ziehen Sie dabei die Energie des Engels mit in den Körper. Reiben Sie behutsam die Knie, die Unterschenkel und die Füße, damit das Bewusstsein in den Körper zurückkehrt. Sagen Sie dabei:

Wenn du aufwachst, fühlst du dich erfrischt und voller Frieden und Liebe. Öffne jetzt langsam die Augen.

Es kann sein, dass Ihr Partner nach der Übung weint und inneren Frieden spürt – die Zeichen des Kontaktes mit dem Engel. Sie beide sind von bedingungsloser Liebe und überwältigender Freude durchflutet und spüren ein starkes Band zwischen einander. Sie lachen oder können nicht aufhören zu kichern. Es kann sein, dass Düfte und Farben kräftiger wirken. Die Welt ist jetzt ein Ort der Wunder und des Entzückens. Schreiben Sie alle Erfahrungen auf, und treffen Sie sich mindestens einmal in der Woche mit Ihrem Partner, um mit den Engeln zu arbeiten.

Engelhafte ätherische Öle

Engelhafte ätherische Öle

Engel finden Düfte sehr verlockend. Aromen öffnen und erweitern das Bewusstsein und machen uns empfänglicher für die himmlischen Boten. Wegen ihrer Reinheit eignen sie sich besonders gut dafür, jene Schwingungen der Liebe zu erzeugen, die Engel anlocken. Öle, die liebevolle und fürsorgliche Menschen produziert haben und die naturrein sind, besitzen genau die Energie, die wir für spirituelle Zwecke brauchen. Auch auf dem Altar erhöhen sie die Schwingungen und laden die Engel zu uns ein.

Wie man ätherische Öle anwendet

Es gibt mehrere Möglichkeiten, ätherische Öle auf dem Altar zu verwenden.

1. **Verdunster**
   Gießen Sie ein paar Teelöffel Wasser in die Schale, zünden Sie die Kerze an, und träufeln Sie einige Tropfen Öl ins Wasser.

2. **Wasserschale**
   Füllen Sie eine kleine Schale oder Untertasse mit kochendem Wasser, und träufeln Sie einige Tropfen Öl hinein. Der Dampf verteilt den kräftigen Duft im ganzen Zimmer.

3. **Kerzen**
   Zünden Sie eine Kerze an, bis ein wenig Wachs geschmolzen ist. Pusten Sie dann die Flamme aus, und träufeln Sie ein paar Tropfen Öl auf das geschmolzene Wachs. Achten Sie darauf, dass kein Öl auf den Docht gelangt, denn ätherische Öle brennen heftig. Zünden Sie die Kerze vorsichtig wieder an.

4. **Raumsprays**
   Füllen Sie einen kleinen Pflanzensprüher mit Wasser, und träufeln Sie zehn Tropfen Öl hinein. Besprühen Sie damit Ihren spirituellen Hafen, aber meiden Sie polierte Flächen.

5. Kleine und große Kissen

Träufeln Sie zwei Tropfen ätherisches Öl auf ein Kissen in Ihrem Altar-, Meditations- oder Therapieraum. Zwei Tropfen auf dem Kopfkissen fördern die Kommunikation mit den Engeln im Traum. Sie können auch Wattebäusche beträufeln und ins Kissen stecken.

6. Räucherstäbchen

Beträufeln Sie das Räucherstäbchen mit drei Tropfen Öl.

7. Die Hände

Träufeln Sie einen Tropfen Öl auf eine Handfläche, verreiben Sie ihn, und führen Sie die Hände in der Gebetshaltung unters Kinn.

Welche ätherische Öle Sie verwenden, ist eine Frage des persönlichen Geschmacks. Es kommt darauf an, wie weit Sie auf Ihrer spirituellen Reise schon sind und welche Engel Sie rufen wollen. Wählen Sie Düfte, die gut zu Ihnen passen.

Engel haben ihren eigenen Duft. Oft erfüllt ein köstlicher Duft kurz vor der Ankunft eines Engels plötzlich den Raum. Diese himmlischen Düfte sind unbeschreiblich schön und verführerisch, und häufig liegen sie noch lange nach dem Abschied des Engels in der Luft.

Ätherische Öle mischen

Wenn Sie eine spirituelle Ölmischung herstellen, sollte der Kopf von irdischen Gedanken völlig frei sein. Strahlen Sie beim Mischen Liebe und Frieden aus, und übertragen Sie diese Gefühle auf die Mischung.

Die Engel haben mir geholfen, Öle zu mischen, die hervorragend auf die Erzengel abgestimmt sind, denen ich sie gewidmet habe. Ich benutze sie als Salbe und Parfüm, wenn ich einen Erzengel rufen möchte.

Auch Sie können solche Öle mischen! Träufeln Sie einfach einen oder zwei Tropfen Öl in einen Teelöffel Mandel- oder Jojobaöl. Wenn Sie das Öl aufbewahren wollen, müssen Sie es in eine bernsteinfarbene Flasche gießen, damit die spirituelle und therapeutische Wirkung nicht nachlässt oder gar ganz verschwindet. Geben Sie neun Tropfen Öl in ein 30-ml-Fläschen. Die Mischung behält ihre Wirkung etwa drei Monate lang.

Auf den folgenden Seiten finden Sie eine Reihe von ätherischen Ölen, die Sie mit Engeln verbinden können.

Angelikasamen *(Angelica archangelica)*	**Aroma** klar, scharf, frisch **Spirituelle Anwendung** Wie ihr Name andeutet, ist die Angelika eng mit der himmlischen Ebene verbunden. Mit ihr können wir den Himmel auf die Erde bringen. Sie ist ideal für skeptische, unspirituelle Menschen, die keinen Kontakt mit Engeln haben. Sie fördert die Intuition und den Kontakt mit dem höheren Selbst.	**Gut zu mischen mit** Bergamot, Möhrensamen, Muskatellersalbei, Geranium, Jasmin, Rose, Sandelholz. **Anmerkung** Nicht während der Schwangerschaft verwenden.
Benzoe *(Styrax benzoin)*	**Aroma** ähnlich wie Vanille **Spirituelle Anwendung** Die Benzoe öffnet das Herzchakra, das wir für den Kontakt mit Engeln brauchen. Sie lockt die Schutzengel an, vor allem den Erzengel Michael. Außerdem erdet sie und vermittelt ein Gefühl der Sicherheit.	**Gut zu mischen mit** Bergamotte, Geranium, Jasmin, Palmarosa, Rose, Sandelholz, Vetivert, Weihrauch. **Anmerkung** Keine
Bergamotte *(Citrus bergamia)*	**Aroma** leicht, frisch, wie Zitrusfrüchte **Spirituelle Anwendung** Die Bergamotte hat eine sehr hohe spirituelle Schwingung, die uns schnell auf die Ebene der Engel einstimmt. Sie lüftet den dünnen Schleier zwischen uns und dieser Welt und lockt die Engel der Freude und der Erleuchtung an, vor allem den Erzengel Jophiel.	**Gut zu mischen mit** allen ätherischen Ölen, besonders mit Geranium, Jasmin, Lavendel, Mandarine, Melisse, Muskatellersalbei, Neroli, Sandelholz, Ylang-Ylang. **Anmerkung** Nicht vor dem Sonnenbaden anwenden, weil Bergamotte die Haut lichtempfindlich macht.
Dillsamen *(Anethum graveolens)*	**Aroma** süß, krautig **Spirituelle Anwendung** Dill lockt die Engel der Harmonie an. Er eignet sich gut für Menschen mit inneren Konflikten und Essstörungen. Er beruhigt und heilt das Sonnengeflecht und das Verdauungssystem. Sein Duft wirkt erhebend, so dass wir die himmlische Ebene erreichen.	**Gut zu mischen mit** Angelikasamen, Fenchel, Grüner Minze, Ingwer, Kamille, Kardamom, Koriander, Limone, Mandarine, Möhrensamen, Pfefferminze, Zitrone. **Anmerkung** Keine
Elemiharz *(Canarium luzonicum)*	**Aroma** frisch, würzig, wie Zitrusfrüchte **Spirituelle Anwendung** Elemi ist ein sehr spirituelles Öl, das den Kontakt mit den Engeln des Friedens und des Göttlichen erleichtert. Es öffnet das Herz und enthüllt den Wesenskern. Elemi tröstet, wenn wir niedergeschlagen sind, und fördert Stille, Frieden, Zufriedenheit und Ruhe.	**Gut zu mischen mit** Benzoe, Jasmin, Kamille, Lindenblüten, Majoran, Myrrhe, Patchouli, Rosenholz, Sandelholz, Weihrauch, Zedernholz. **Anmerkung** Keine
Fenchel (süß) *(Foeniculum vulgare)*	**Aroma** wie Anis, kräftig **Spirituelle Anwendung** Fenchel bringt uns das Licht der Engel des Mutes, der Stärke und der Hoffnung. Er gibt uns die Kraft, schwierige Situationen durchzustehen und trotz scheinbar unüberwindlicher Hindernisse weiterzumachen. Er reinigt Körper, Seele und Geist und gibt uns Energie für neue Aufgaben.	**Gut zu mischen mit** Bergamotte, Dill, Grüner Minze, Ingwer, Kardamom, Koriander, Limone, Mandarine, schwarzem Pfeffer, Pfefferminze, Rosmarin, Zitrone, Zypresse, Wacholder. **Anmerkung** 1. Keinen bitteren Fenchel verwenden. 2. Für Babys und Kleinkinder eine geringe Dosis nehmen. 3. Für Schwangere und Epileptiker nicht geeignet.

Geranium (*Pelargonium graveolens*)	**Aroma** süß, rosenähnlich **Spirituelle Anwendung** Geranium fördert den Kontakt mit den Engeln des Friedens und der Liebe. Es harmonisiert Gefühle und lindert Angst, Nervosität und Depressionen. Geranium besitzt eine sehr weibliche Energie und verbindet uns mit den Engeln der Fortpflanzung und der Geburt. Manchmal hilft es bei Unfruchtbarkeit.	**Gut zu mischen mit** Bergamotte, Jasmin, Kamille, Mandarine, Melisse, Muskatellersalbei, Neroli, Rose, Sandelholz, Zitrone, Zypresse, Ylang-Ylang. **Anmerkung** Keine
Gewürznelke (*Eugenia caryophyllata*)	**Aroma** voll, würzig, kräftig, warm **Spirituelle Anwendung** Die Gewürznelke weckt die Sinne und ermuntert uns auf dem spirituellen Pfad. Menschen, die verwirrt oder spirituell unsicher sind, »feststecken« oder nicht mehr weiterwissen, hilft sie, das Selbst besser zu verstehen. Sie lockt die Engel der Einsicht an.	**Gut zu mischen mit** Angelikasamen, Bergamotte, Geranium, Jasmin, Kamille, Lavendel, Lindenblüten, Neroli, Rose, Rosenholz, Sandelholz, Weihrauch, Ylang-Ylang, Zedernholz. **Anmerkung** Keine große Dosis zusammen mit Alkohol einnehmen – diese Mischung wirkt narkotisch.
Grapefruit (*Citrus paradisi*)	**Aroma** frisch, süß, erfrischend **Spirituelle Anwendung** Die Grapefruit öffnet das Herz und lockt die Engel der Freude an. Sie wirkt erhebend, macht euphorisch, wandelt negative Energie um, entzündet unser inneres Licht und beseitigt Blockaden auf dem Weg zum Göttlichen.	**Gut zu mischen mit** Geranium, Ingwer, Jasmin, Mandarine, Melisse, Muskatellersalbei, Myrte, Neroli, Rose, Rosenholz, Zedernholz, Zypresse. **Anmerkung** Vorsicht bei empfindlicher Haut!
Immortelle (*Helichrysum angustifolium*)	**Aroma** sehr stark und voll **Spirituelle Anwendung** Die Immortelle beseitigt Angst vor dem Spirituellen und stärkt den Glauben an das Göttliche und das Leben nach dem Tod. Wir sind unsterblich! Die Immortelle ist ideal für Menschen, die tief verletzt sind und denen der Kontakt mit den Engeln schwer fällt. Die bedingungslose Liebe des Erzengels Camael heilt die Wunden.	**Gut zu mischen mit** Bergamotte, Geranium, Jasmin, Kamille, Mandarine, Muskatellersalbei, Myrte, Neroli, Palmarosa, Rose, Rosenholz, Vetivert, Ylang-Ylang, Zedernholz, Zypresse. **Anmerkung** Keine
Ingwer (*Zingiber officinale*)	**Aroma** würzig, scharf **Spirituelle Anwendung** Ingwer enthält Feuer und Mut. Er spricht den Erzengel Michael an, der uns furchtlos macht, sodass wir jedes Hindernis überwinden können. Ingwer regt uns zu göttlichem Tun an, hilft uns, die Illusionen des Alltags zu durchschauen, und hebt den Schleier zwischen uns und den Engeln.	**Gut zu mischen mit** Bergamotte, Grapefruit, Koriander, Limone, Orange, Palmarosa, Rosmarin, Rosenholz, schwarzem Pfeffer, Vetivert, Wacholder, Zitrone. **Anmerkung** Vorsicht bei empfindlicher Haut!
Jasmin (*Jasminum officinale*)	**Aroma** exotisch, blumig, kräftig, sinnlich **Spirituelle Anwendung** Dieses köstliche, vom Himmel gesandte Aroma fördert den Kontakt mit den Engeln der Liebe, des Mitgefühls und der Vergebung. Jasmin beseitigt Traurigkeit und macht zuversichtlich. Dies ist einer der Lieblingsdüfte der Engel und lockt ganze Heerscharen von ihnen an.	**Gut zu mischen mit** Benzoe, Bergamotte, Geranium, Mandarine, Myrte, Neroli, Petitgrain, Rose, Rosenholz, Sandelholz, Ylang-Ylang, Zitrone. **Anmerkung** Keine

Kamille (*Anthemis nobilis*)	**Aroma** warm, süß, blumig, aromatisch **Spirituelle Anwendung** Die Kamille verbindet uns mit dem inneren Kind; sie tröstet und fördert sanft Heilung und Vergebung. Sie eignet sich besonders für Kinder und stärkt die Liebe zwischen ihnen und den Eltern. Sie beseitigt Wut und Unruhe und lockt die Engel der Kinder und des Friedens an.	**Gut zu mischen mit** Benzoe, Bergamotte, Geranium, Immortelle, Jasmin, Mandarine, Neroli, Palmarosa, Rose, Schafgarbe. **Anmerkung** Ideal für Babys und Kleinkinder.
Kiefer (Schottische) (*Pinus sylvestris*)	**Aroma** rein, frisch, waldähnlich, durchdringend **Spirituelle Anwendung** Der starke Duft der Kiefer weckt »Schlafende« und öffnet die innere Weisheit. Die Kiefer schenkt Einsicht und lockt die Engel der Kreativität und der Erleuchtung an. Sie hilft, wenn wir von negativen Einflüssen umgeben sind. Sie schenkt Ausdauer und lindert Müdigkeit und Mutlosigkeit.	**Gut zu mischen mit** Basilikum, Eukalyptus, Majoran, Pfefferminze, Rosenholz, Rosmarin, Wacholder, Weihrauch, Zedernholz, Zypresse. **Anmerkung** Vorsicht bei empfindlicher Haut!
Lavendel (*Lavendula angustifolia*)	**Aroma** süß, blumig **Spirituelle Anwendung** Lavendel lockt die Engel der Harmonie an und stellt Ganzheit und Ausgewogenheit her. Er fördert die Wundheilung und heilt die Aura. Lavendel ist voller Liebe und Mitgefühl; er tröstet in schweren Zeiten.	**Gut zu mischen mit** Bergamotte, Geranium, Grapefruit, Jasmin, Kamille, Limone, Palmarosa, Petitgrain, Muskatellersalbei, Rose, Sandelholz, Weihrauch, Ylang-Ylang, Zitrone, Zypresse. **Anmerkung** Keine
Lindenblüten (*Tilia caudata*)	**Aroma** köstlich, kräftig, blumig, süß **Spirituelle Anwendung** Das himmlisch duftende Lindenblütenöl ist eines der wichtigsten Engel-Öle. Es lockt die Engel der Liebe, der Vergebung, des Friedens und der Heilung an. Da es eng mit dem Herzen verbunden ist, verwandelt es Traurigkeit in Freude. Es ist ideal für alle, die nie wahre Liebe erfahren haben oder von geliebten Menschen schlecht behandelt wurden.	Dieses Öl erweitert das Bewusstsein und verbindet uns mit dem Himmel. **Gut zu mischen mit** Benzoe, Geranium, Jasmin, Mandarine, Muskatellersalbei, Neroli, Palmarosa, Petitgrain, Rose, Sandelholz, Weihrauch, Ylang-Ylang, Zitrone. **Anmerkung** Keine
Majoran (süß) (*Origanum majorana*)	**Aroma** süß, wärmend **Spirituelle Anwendung** Majoran hilft bei Unruhe und tröstet gequälte Seelen, die keinen Frieden auf dieser Welt finden und körperlich, seelisch und geistig ständig im Aufruhr sind. Er lockt den Erzengel Raphael an, der innere Konflikte und Qualen heilt und für Frieden und Harmonie sorgt. Dies ist ein wärmendes, schützendes Öl, das auch den Erzengel Michael anspricht.	**Gut zu mischen mit** Benzoe, Geranium, Jasmin, Kamille, Lavendel, Lindenblüten, Muskatellersalbei, Neroli, Sandelholz, Ylang-Ylang, Zedernholz, Zitrone, Zypresse. **Anmerkung** Nicht während der Schwangerschaft anwenden.
Mandarine (*Citrus reticulata*)	**Aroma** süß, blumig, fruchtig **Spirituelle Anwendung** Dies ist das Lieblingsöl der Engel der Freude. Es macht uns glücklich und zufrieden und ermutigt uns, wie Kinder zu spielen. Verwenden Sie es, wenn Sie niedergeschlagen sind, und rufen Sie die Engel der Freude – und Sie werden bald lachen. Ein vorzügliches Öl für Kinder.	**Gut zu mischen mit** Bergamotte, Geranium, Grüner Minze, Jasmin, Myrte, Neroli, Palmarosa, Petitgrain, Rose, Rosenholz. **Anmerkung** Meiden Sie unmittelbar nach der Anwendung starkes Sonnenlicht.

Melisse (echte)
(Melissa officinalis)

Aroma süß, frisch, wie eine Zitrone
Spirituelle Anwendung Dieses spirituelle Öl ist bei Engeln sehr beliebt. Die Melisse lockt Lichtwesen schnell herbei und erfüllt unser Herz mit Freude. Sie hebt uns auf die spirituelle Ebene und ist eine Brücke zwischen Himmel und Erde. Sie hilft uns, in der Meditation Kontakt mit den Engeln der Prophetie aufzunehmen, und fördert Visionen.

Gut zu mischen mit Angelikasamen, Benzoe, Geranium, Kamille, Lindenblüten, Neroli, Rose, Rosenholz, Weihrauch, Zedernholz.
Anmerkung Melissenöl wird oft in einer Mischung verkauft, weil es sehr teuer ist. Darum ist Vorsicht bei empfindlicher Haut angezeigt.

Möhrensamen
(Daucus carota)

Aroma scharf, stechend
Spirituelle Anwendung Öffnet das dritte Auge und schenkt Visionen und Einsicht. Möhrensamenöl macht Engel besser sichtbar und ihre Botschaft verständlicher.

Gut zu mischen mit Angelikasamen, Basilikum, Cajeput, Fenchel, Ingwer, Kardamom, Koriander, Limone, Mandarine, Orange, Palmarosa, Rosenholz, Rosmarin, schwarzem Pfeffer, Wacholder, Zimt, Zitrone.
Anmerkung Keine

Muskatellersalbei
(Salvia sclarea)

Aroma süß, berauschend, blumig
Spirituelle Anwendung Ein wundervolles Öl, das uns den Engeln öffnet. Ideal für Menschen, die zu körperlich eingestellt sind und denen es schwer fällt, an eine spirituelle Ebene zu glauben (oder die sich davor fürchten). Muskatellersalbei lindert innere Konflikte und bringt Frieden und Harmonie.

Gut zu mischen mit Angelikasamen, Bergamotte, Geranium, Jasmin, Kamille, Lavendel, Lindenblüten, Neroli, Rose, Rosenholz, Sandelholz, Weihrauch, Ylang-Ylang, Zedernholz.
Anmerkung Keine große Dosis zusammen mit Alkohol einnehmen – diese Mischung wirkt narkotisch.

Myrrhe
(Commiphora myrrha)

Aroma warm, balsamisch, moschusartig
Spirituelle Anwendung Die Myrrhe hilft Seelen, die in diesem oder in einem früheren Leben ein Trauma erlitten haben. Sie lockt die Engel des Karmas an, die uns ermutigen, loszulassen und in diesem Leben vorwärts zu gehen. Die Myrrhe hilft Schüchternen und lockt die Engel der Kommunikation an, so dass wir für unsere Rechte eintreten und Gefühle äußern können.

Gut zu mischen mit Bergamotte, Grapefruit, Immortelle, Kamille, Mandarine, Myrte, Palmarosa, Patchouli, Schafgarbe, Weihrauch, Ysop, Zitrone, Zypresse.
Anmerkung Nicht während der Schwangerschaft anwenden.

Myrte
(Myrtus communis)

Aroma süß, krautig
Spirituelle Anwendung Im 16. Jahrhundert war die Myrte Bestandteil des »Engelswassers«. Sie lockt den Erzengel Camael und die Engel der Liebe an, die uns segnen. Dieses Öl der Reinheit stärkt die bedingungslose Liebe, erleichtert die Vergebung und hilft bei Beziehungsproblemen. Es heilt innere Risse und tröstet.

Gut zu mischen mit Angelikasamen, Benzoe, Bergamotte, Elemi, Geranium, Imortelle, Lindenblüten, Mandarine, Rose, Schafgarbe, Veilchenblatt, Zitrone.
Anmerkung Keine

Neroli
(Citrus aurantium)

Aroma frisch, blumig, faszinierend
Spirituelle Anwendung Neroliöl hat eine sehr hohe Schwingung und hebt uns damit auf die Ebene der Engel. Es erfüllt den Körper, die Seele und den Geist mit Licht und hilft uns, das Selbst zu verstehen und uns unserer Spiritualität bewusst zu werden. Neroli hilft Seelen, die immer wieder den gleichen Fehler machen und weder Antworten finden noch im Leben weiterkommen.

Gut zu mischen mit Bergamotte, Geranium, Grapefruit, Jasmin, Kamille, Lindenblüten, Mandarine, Myrte, Orange, Rose, Sandelholz, Weihrauch, Ylang-Ylang.
Anmerkung Keine

Palmarosa (*Cymbopogon martinii*)	**Aroma** süß, rosenartig **Spirituelle Anwendung** Dieser süße Duft lockt die Engel der Liebe und der Schönheit an und macht glücklich. Palmarosa tröstet misshandelte oder vernachlässigte Seelen, denen es an Selbstvertrauen fehlt. Sie stärkt die Selbstachtung und zeigt uns unseren wahren Wert.	**Gut zu mischen mit** Benzoe, Geranium, Grapefruit, Jasmin, Kamille, Mandarine, Melisse, Neroli, Rose, Rosenholz, Weihrauch, Zitrone, Zitronengras. **Anmerkung** Keine
Patchouli (*Pogostemon patchouli*)	**Aroma** süß, erdig, moschusartig **Spirituelle Anwendung** Patchouli verbindet uns mit den Engeln der Erde. Dieses Öl erdet, hilft uns, auf der materiellen Welt zu leben und sorgt für eine sichere Verbindung zwischen Himmel und Erde. Es bringt uns sanft in unser irdisches Heim zurück und zeigt uns, dass diese Inkarnation nur ein kleiner Teil unserer langen Lebensreise ist.	**Gut zu mischen mit** Benzoe, Bergamotte, Elemi, Grapefruit, Jasmin, Limone, Mandarine, Neroli, Orange, Rose, Sandelholz, Vetivert, Weihrauch. **Anmerkung** Keine
Ravensara (*Ravensara aromatica*)	**Aroma** stark, medizinisch, durchdringend **Spirituelle Anwendung** Ravensara lockt die Engel der Kommunikation an. Ihr Duft spricht das Kehlchakra an, das blockiert ist, wenn wir unsere wahren Wünsche nicht richtig ausdrücken. Sie ermutigt uns zu sein, was wir wirklich sind, führt uns auf unseren Seelenpfad zurück und macht uns mutig. Ravensara lockt den Erzengel Michael und sein mächtiges	Engelsheer an und hilft uns, die Anforderungen anderer abzulehnen. **Gut zu mischen mit** Elemi, Immortelle, Ingwer, Kiefer, Myrrhe, Myrte, Niaouli, Rosenholz, schwarzem Pfeffer, Thymian, Wacholder, Weihrauch, Ysop, Zitrone, Zypresse. **Anmerkung** Keine
Rose (*Rosa damascena oder centifolia*)	**Aroma** süß, berauschend, himmlisch **Spirituelle Anwendung** Die Rose trägt uns mit ihrem himmlischen Duft sofort auf die Ebene der Engel. Sie lockt die Engel der Liebe, der Schönheit und der Vergebung an und berührt uns in der tiefsten Seele. Der Duft hat eine starke Wirkung auf das Herz; er lindert Sorgen, Bitterkeit und Groll und weckt Liebe und Mitleid. Mit ihm atmen wir die reine Liebe der Engel ein.	**Gut zu mischen mit** Benzoe, Bergamotte, Geranium, Grapefruit, Jasmin, Kamille, Limone, Lindenblüten, Mandarine, Neroli, Petitgrain, Sandelholz, Ylang-Ylang, Zitrone. **Anmerkung** Keine
Rosenholz (*Aniba rosaeodora*)	**Aroma** süß, blumig, holzig **Spirituelle Anwendung** Der mystische Duft des Rosenholzes fördert die Meditation und öffnet das Tor zur spirituellen Ebene. Es erleichtert die Kommunikation mit Engeln und die Prophetie. Wenn wir unsicher sind, beseitigt es die Verwirrung und zeigt uns den Weg. Es belebt und harmonisiert alle Chakras.	**Gut zu mischen mit** Basilikum, Elemi, Kamille, Kiefer, Lindenblüten, Myrte, Palmarosa, Petitgrain, Ravensara, Rosmarin, Ysop, Zedernholz. **Anmerkung** Keine
Rosmarin (*Rosmarinus officinalis*)	**Aroma** rein, stark, ähnlich wie Kampfer **Spirituelle Anwendung** Rosmarin hilft uns, Antworten auf unsere Fragen zu finden. Er erleichtert den Blick in frühere Existenzen, zeigt uns unsere Aufgabe auf Erden und beseitigt Verwirrung. Dieses Öl fördert den Kontakt mit Engeln und geistigen Führern, versorgt uns mit einem Schutzschild und ruft den Erzengel Michael herbei.	**Gut zu mischen mit** Basilikum, Eukalyptus, Gewürznelke, Ingwer, Koriander, Myrte, Naouli, Pfefferminze, Ravensara, Rosenholz, Salbei, schwarzem Pfeffer, Thymian, Zedernholz. **Anmerkung** 1. Bei Epilepsie nur eine kleine Dosis verwenden. 2. Zu Beginn der Schwangerschaft meiden.

Salbei
(Salvia officinalis)

Aroma ähnlich wie Kampfer, krautig, warm
Spirituelle Anwendung Dieser starke Duft ruft die Engel der Reinigung und des Schutzes herbei. Er reinigt die Umgebung, entfernt unerwünschte Gedanken und Gefühle aus der Aura und schützt vor den Kräften der Dunkelheit. Salbei verwandelt Finsternis in Licht; er enthält die Weisheit der Äonen und enthüllt die Geheimnisse des Universums.
Gut zu mischen mit Benzoe, Elemi, Myrrhe, Myrte, Patchouli, Rose, Rosenholz, Schafgarbe, Veilchenblatt, Vetivert, Weihrauch, Ysop, Zedernholz.
Anmerkung 1. Nicht geeignet für Babys, Kleinkinder, Schwangere, Stillende. 2. Bei Epilepsie oder Bluthochdruck niedrig dosieren.

Sandelholz
(Santalum album)

Aroma süß, warm, holzig, dauerhaft
Spirituelle Anwendung Dieser Duft ist eine Brücke zwischen Himmel und Erde und trägt uns empor zur spirituellen Ebene. Sandelholz spricht die Engel der Liebe und der Vergebung an. Wo keine Vergebung ist, herrschen Wut, Furcht, Schuldgefühle und Groll. Dieses Öl verkörpert Liebe und Vergebung und hilft uns, anderen und uns selbst zu vergeben und so negative Energie aufzulösen. Es ruft auch die Engel des Friedens herbei, die ruhelose Seelen trösten.
Gut zu mischen mit Benzoe, Bergamotte, Geranium, Jasmin, Melisse, Muskatellersalbei, Neroli, Palmarosa, Petitgrain, Rose, Ylang-Ylang, Weihrauch.
Anmerkung Keine

Schafgarbe
(Achillea millefolium)

Aroma stark, medizinisch
Spirituelle Anwendung Dieser Duft führt uns auf die Ebene der Engel, beschützt und tröstet uns. Ein wundervolles Öl, das den Kontakt zur Spiritualität fördert. Es schützt uns auf Reisen in andere Dimensionen und enthüllt die Geheimnisse des Universums. Die Schafgarbe versetzt selbst einen »plappernden« Geist in tiefe Meditation, so dass er mit dem Wesenskern Kontakt aufnehmen und mit dem Göttlichen verschmelzen kann. Zudem fördert es Prophetie und Visionen.
Gut zu mischen mit Elemi, Immortelle, Kamille, Myrrhe, Myrte, Neroli, Patchouli, Salbei, Sandelholz, Vetivert, Weihrauch, Ylang-Ylang.
Anmerkung 1. Nicht geeignet für Babys und Kleinkinder. 2. Während der Schwangerschaft vorsichtig anwenden.

Schwarzer Pfeffer
(Piper nigrum)

Aroma scharf, würzig, wärmend
Spirituelle Anwendung Ein vorzügliches Öl, das uns hilft, wenn wir auf dem spirituellen Pfad »stecken geblieben« und lethargisch sind oder mit Engeln keine Verbindung aufnehmen können. Es macht mutig und beseitigt Angst vor dem Kontakt mit der Ebene der Engel. Schwarzer Pfeffer spricht die Engel der Stärke und der Führung an.
Gut zu mischen mit Basilikum, Bergamotte, Fenchel, Geranium, Grapefruit, Ingwer, Koriander, Limone, Mandarine, Möhrensamen, Myrrhe, Orange, Palmarosa, Rosenholz, Rosmarin, Salbei, Sandelholz, Wacholder, Weihrauch, Ylang-Ylang, Zitrone, Zitronengras, Zypresse.
Anmerkung Keine

Vetivert
(Vetivera zizanioides)

Aroma erdig, rauchig, holzig
Spirituelle Anwendung Vetivert erdet, verbindet uns mit den Engeln und mit der Erde und gibt uns Kraft und Mut, um auf der materiellen Welt zu bestehen und die oft schwierigen Lektionen des Lebens zu lernen. Dies ist das Öl des Friedens, das hartnäckig im Kopf kreisende Gedanken stoppt und alles ins Gleichgewicht bringt. Es schützt, reinigt und stärkt die Aura.
Gut zu mischen mit Bergamotte, Geranium, Jasmin, Mandarine, Muskatellersalbei, Neroli, Petitgrain, Salbei, Sandelholz, Schafgarbe, Wacholder, Zitrone, Zitronengras.
Anmerkung Keine

Wacholder
(Juniperus communis)

Aroma frisch, holzig
Spirituelle Anwendung Wacholder reinigt Körper, Seele und Geist und lockt die Engel der Reinigung an. Man nutzt ihn traditionell, um alte Traumen und altes Karma zu entfernen. Er mahnt uns, die alten Fehler nicht erneut zu begehen. Wacholder spricht die Engel des Schutzes an, die jeden schädlichen Einfluss abwehren.
Gut zu mischen mit Bergamotte, Fenchel, Geranium, Kiefer, Mandarine, Myrte, Schafgarbe, Vetivert, Weihrauch, Zitrone, Zypresse.
Anmerkung 1. In der Schwangerschaft meiden. 2. Bei Nierenentzündung niedrig dosieren.

Weihrauch
(Boswellia carterii)

Aroma holzig, balsamisch, würzig, wärmend
Spirituelle Anwendung Ein Öl vom Himmel, welches das Bewusstsein erweitert und so den Kontakt mit Engeln ermöglicht. Die uralte Weisheit dieses Öls hilft uns, die Geheimnisse des Universums zu ergründen. Weihrauch fördert die Spiritualität und hilft der Seele, den Körper sicher zu verlassen und in ihn zurückzukehren.

Gut zu mischen mit Benzoe, Elemi, Jasmin, Lindenblüten, Myrrhe, Patchouli, Rose, Rosenholz, Sandelholz, Vetivert, Zedernholz, Zypresse.
Anmerkung Keine

Ylang-Ylang
(Cananga odorata)

Aroma exotisch, berauschend, süß
Spirituelle Anwendung Dieser Duft beseitigt inneren Aufruhr und nicht zu beantwortende Fragen, die uns verstören. Ylang-Ylang beruhigt sanft, sodass wir Antworten in der Stille finden. Er öffnet das Herz, heilt Wunden, die uns hindern, Beziehungen zu knüpfen und einzugehen, und lockt die Engel der Vergebung herbei, so dass wir uns und andere wieder lieben können. Die Engel lehren uns, dass göttliche Liebe alle Wesen einhüllt.

Gut zu mischen mit Bergamotte, Geranium, Grapefruit, Jasmin, Kamille, Mandarine, Neroli, Orange, Palmarosa, Patchouli, Rose, Sandelholz, Zitrone.
Anmerkung Keine

Ysop
(Hyssopus officinalis)

Aroma stark, krautig, ähnlich wie Kampfer
Spirituelle Anwendung Ysop reinigt Körper, Seele und Geist und beseitigt das Gefühl der Unsauberkeit, etwa nach sexuellem Missbrauch oder nach einem körperlichen oder übersinnlichen Angriff. Die Engel der Reinigung helfen Menschen, die schlecht über sich selbst denken und lösen Schuldgefühle und Furcht auf.

Gut zu mischen mit Bergamotte, Grapefruit, Majoran, Myrrhe, Rosenholz, Rosmarin, Wacholder, Weihrauch, Zedernholz, Zypresse.
Anmerkung 1. Nicht geeignet für Schwangere, Babys und Kleinkinder. 2. Für Epileptiker nicht geeignet. 3. Bei Bluthochdruck vermeiden.

Zedernholz
(Cedrus atlantica)

Aroma warm, holzig, berauschend
Spirituelle Anwendung Zedernholz lockt die Engel der Reinigung an. Sie befreien uns von körperlichen und seelischen Blockaden, die uns daran hindern, die Weisheit und Harmonie der Engel zu erlangen. Dadurch steigt unsere Schwingungsfrequenz, und wir können uns den Engeln leichter öffnen.

Gut zu mischen mit Bergamotte, Geranium, Grapefruit, Kamille, Kardamom, Kiefer, Limone, Neroli, , Orange, Palmarosa, Petitgrain, , Rosenholz, Rosmarin, Schafgarbe, Wacholder, Weihrauch, Zitrone, Zypresse.
Anmerkung Nicht geeignet für Babys, Kleinkinder und Schwangere.

Zitrone
(Citrus limonum)

Aroma rein, knackig, fruchtig, erfrischend
Spirituelle Anwendung Die Zitrone reinigt Körper, Seele und Geist und lockt die Engel der Reinigung an. Sie hilft uns mit der Kraft des Erzengels Michael, schenkt einem müden Geist neue Energie und Vitalität und stärkt den Glauben an das Göttliche.

Gut zu mischen mit Bergamotte, Fenchel, Geranium, Grapefruit, Ingwer, Limone, Mandarine, Rosenholz, Rosmarin, schwarzem Pfeffer, Thymian, Ysop, Wacholder, Weihrauch, Zypresse.
Anmerkung Unmittelbar nach der Anwendung starkes Sonnenlicht meiden.

Zypresse
(Cupressus sempervirens)

Aroma holzig, balsamisch
Spirituelle Anwendung Die Zypresse lockt die Engel des Trostes herbei. Sie ist besonders hilfreich für Sterbende, weil sie den Übergang der Seele in die andere Welt erleichtert. Aber sie tröstet auch Trauernde und hilft uns, alle Veränderungen im Leben zu bewältigen.

Gut zu mischen mit Benzoe, Bergamotte, Kiefer, Limone, Rose, Rosenholz, Rosmarin, Zedernholz, Zitrone, Wacholder, Weihrauch.
Anmerkung Keine

Engel und die Chakras

Wenn Sie sich mit Ihren Engeln verbinden, wird Ihnen auch Ihr nichtkörperliches Selbst viel deutlicher bewusst.

Neben dem materiellen Körper besitzen wir auch ein Engelfeld, das uns vollständig einhüllt und »Aura« heißt. Auf Gemälden von Engeln und Heiligen ist die Aura oft als Halo dargestellt.

Wir haben außerdem Energiezentren, die man »Chakras« nennt. Sie absorbieren die universelle Lebenskraft und verteilen sie im Körper. Das Wort »Chakra« stammt aus dem Sanskrit und bedeutet »Rad«, »Scheibe« oder »Kreis«. Ein Chakra ist ein Wirbel, ein sich ständig drehendes Rad aus Energie. Es gibt sieben Hauptchakras, die im Körper eine Linie vom Steißbein bis zum Scheitel bilden, und viele Nebenchakras.

Ich werde jedes Chakra kurz beschreiben und erklären, wie Sie die Chakras wahrnehmen und heilende Engel mit diesen Energiezentren verbinden können.

Die sieben Hauptchakras

ERSTES CHAKRA

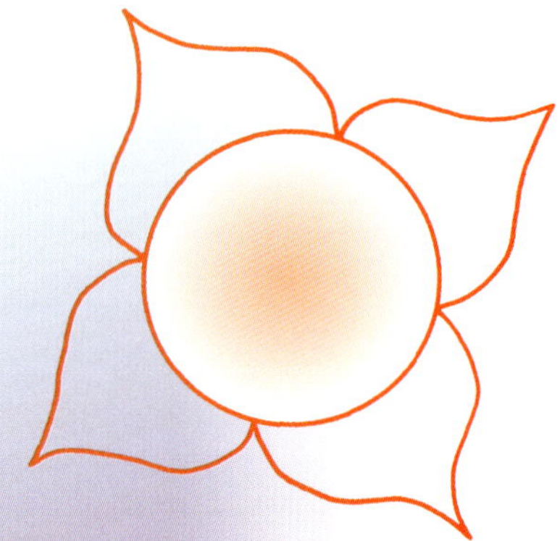

Name: Wurzelchakra
Name im Sanskrit: Muladhara
Ort: im Damm zwischen Genitalien und After
Farbe: Rot
Blütenblätter: vier
Element: Erde
Verbundene Drüsen: Nebennieren, vielleicht auch Hoden und Ovarien

Funktion:

- **seelisch**
  Überleben
  Sicherheit
  Erdung
  Unterstützung
- **körperlich**
  unterer Verdauungstrakt
- **übersinnlich**
  räumliche Intuition

Engel-Öle: Benzoe, Patchouli, Vetivert
Engel und Erzengel: Erzengel Sandalphon, Engel der Erde
Kristalle: rote Steine: Granat, roter Kalzit, roter Jaspis, Rubin
schwarze Steine: schwarzer Turmalin, Obsidian, Rauchquarz

ZWEITES CHAKRA

Name: Unterleibs-, Sakral- oder Sexualchakra
Name im Sanskrit: Svadhisthana
Ort: Unterbauch, knapp unterhalb des Nabels
Farbe: Orange
Blütenblätter: sechs
Element: Wasser
Verbundene Drüsen: Ovarien, Hoden, manche sagen Milz
Funktion:

- **seelisch**
  Sinnlichkeit
  Intimität
  Kreativität
  Besitz
- **körperlich**
  Geschlechtsorgane
  Niere
  Harnblase
  Prostata
- **übersinnlich**
  Hellfühlen

Engel-Öle: Möhrensamen, Dill, Geranium, Ysop, Jasmin, Majoran, Neroli, Rose, Sandelholz
Engel und Erzengel: Erzengel Camael (Beziehungen), Engel der Geburt, Erzengel Gabriel
Kristalle: Bernstein, Kornelit, Zitrin, goldener Labradorit (orangefarbener Sonnenstein), orangefarbener Kalzit, Topas

DRITTES CHAKRA

Name: Sonnengeflecht (Solarplexus)
Name im Sanskrit: Manipura
Ort: zwischen Nabel und Sonnengeflecht
Farbe: Gelb
Blütenblätter: zehn
Element: Feuer
Verbundene Drüsen: Bauchspeicheldrüse, manche sagen Nebennieren
Funktion:

- **seelisch**
  Macht
  Erfolg
  Selbstvertrauen
  Selbstachtung
  Mut
  seelische Stabilität
- **körperlich**
  oberer Verdauungstrakt
  Insulinausschüttung
  Nahrungsaufnahme
- **übersinnlich**
  Empfänglichkeit für Schwingungen

Engel-Öle: Benzoe, Bergamotte, schwarzer Pfeffer, Kamille, Muskatellersalbei, Zypresse, Dill, Elemi, Fenchel, Ysop, Wacholder, Zitrone, Majoran, Neroli, Palmarosa, Salbei
Engel und Erzengel: Erzengel Uriel, Engel des Friedens, Erzengel Michael, Erzengel Jophiel
Kristalle: Zitrin, goldener Sonnenstein, Tigerauge, gelber Jaspis

VIERTES CHAKRA

Name: Herzchakra
Name im Sanskrit: Anahata
Ort: Mitte des Brustkorbs
Farbe: Grün (Rosa)
Blütenblätter: zwölf
Element: Luft
Verbundene Drüse: Thymus
Funktion:

- **seelisch**
  bedingungslose Liebe
  Mitgefühl
- **körperlich**
  Herz und Kreislauf
  Atmungsorgane
  Immunsystem
- **übersinnlich**
  Einfühlungsvermögen

Engel-Öle: Benzoe, Bergamotte, Zimt, Gewürznelke, Elemi, Geranium, Grapefruit, Immortelle, Lavendel, Limone, Lindenblüten, Mandarine, Neroli, Palmarosa, Rose, Sandelholz
Engel und Erzengel: Erzengel Camael, Erzengel Raphael (Heilung)
Kristalle: Aventurin, Chrysopras, Smaragd, Jade, Kunzit, Rosenquarz

FÜNFTES CHAKRA

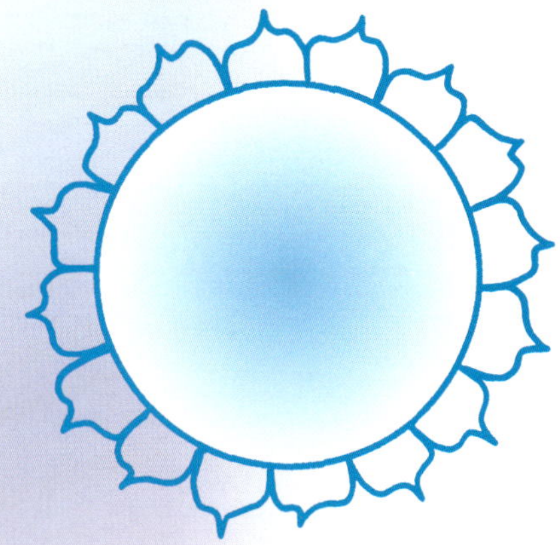

Name: Kehlchakra
Name im Sanskrit: Visshuda
Ort: Kehle
Farbe: Blau
Blütenblätter: sechzehn
Element: Laute/Äther
Verbundene Drüse: Schilddrüse
Funktion:

- **seelisch**
  Kommunikation
  Ausdruck
  die Wahrheit sprechen und hören
  Spontaneität
- **körperlich**
  Kehle
  Stimmbänder
  Ohren
  Hals und Schultern
- **übersinnlich**
  Hellhören

Engel-Öle: schwarzer Pfeffer, blaue Kamille, Cajeput, Zypresse, Elemi, Eukalyptus, Myrrhe, Palmarosa, Ravensara, Rosmarin, Salbei, Schafgarbe
Erzengel: Erzengel Michael
Kristalle: Aquamarin, blauer Kalzit, blauer Achat, Chrysokoll, Lapislazuli, Türkis

SECHSTES CHAKRA

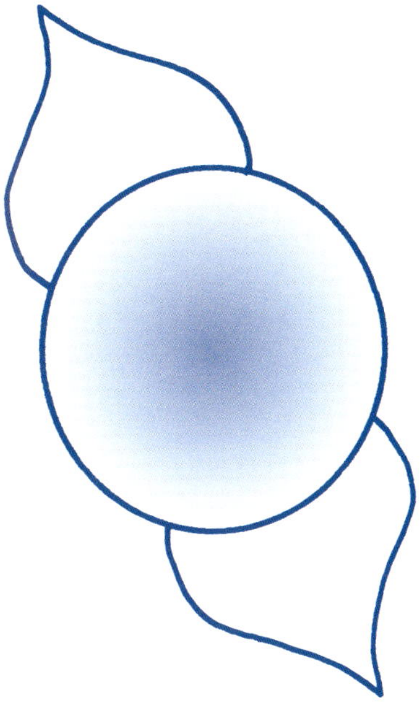

Name: drittes Auge
Name im Sanskrit: Ajna
Ort: Mitte der Stirn
Farbe: Indigo
Blütenblätter: zwei (die beiden physischen Augen, die das Dritte umgeben; manche sagen 96 (zweimal 48)
Element: Licht
Verbundene Drüsen: Hirnanhangdrüse, manche sagen Zirbeldrüse
Funktion:

- **seelisch**
  Intuition
  Klarheit
  Vision
  Unterscheidung
- **körperlich**
  Hirnanhangdrüse
  Augen
- **übersinnlich**
  Hellsehen

Engel-Öle: Angelikasamen, Basilikum, schwarzer Pfeffer, Möhrensamen, Muskatellersalbei, Gewürznelke, Ingwer, Melisse, Pfefferminze, Kiefer, Rosmarin, Rosenholz
Engel und Erzengel: Erzengel Gabriel und Jophiel
Kristalle: blauer Kalzit, Cordierit, Lapislazuli, Tansanit

SIEBTES CHAKRA

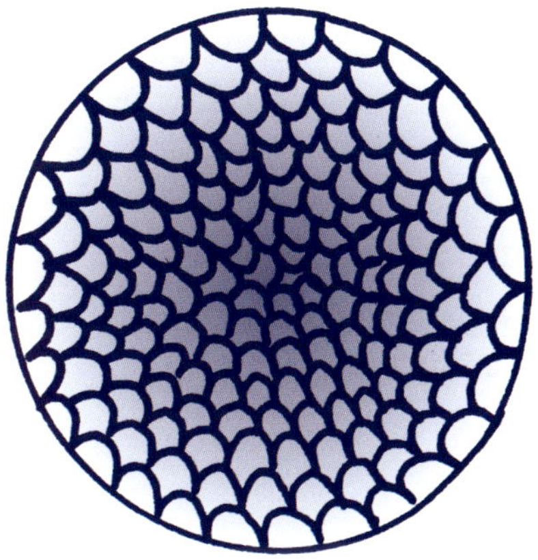

Name: Kronenchakra
Name im Sanskrit: Sahasrara
Ort: Scheitel (bei Neugeborenen die vordere Fontanelle)
Farbe: Violett
Blütenblätter: eintausend
Element: Denken und Wissen
Verbundene Drüsen: Zirbeldrüse, manche sagen Hirnanhangdrüse
Funktion:

- **seelisch**
  Spiritualität
  Kontakt mit dem höheren Selbst
- **körperlich**
  Zirbeldrüse
  Gehirn, Denken
- **übersinnlich**
  inneres Wissen
  kosmisches Bewusstsein

Engel-Öle: Zedernholz, Elemi, Weihrauch, Jasmin, Lindenblüten, Neroli, Rose, Rosenholz, Veilchenblätter
Erzengel: Erzengel Zadkiel
Kristalle: Amethyst, Charoit, klarer Quarz, Selenit

Die Chakras mit einem Partner erfühlen

Vorbereitung

Wählen Sie eine Tageszeit, in der niemand Sie stört, und suchen Sie Ihren heiligen Ort auf. Sie sollten beide bequeme Kleidung tragen und die Schwingungen mit einem einfachen Eröffnungsritual erhöhen. Zünden Sie zum Beispiel eine Kerze oder ein Räucherstäbchen an, oder suchen Sie ein ätherisches Öl aus.

Bitten Sie Ihren Partner, sich auf einer gut gepolsterten Unterlage auf den Bauch oder Rücken zu legen. Legen Sie Kissen unter seinen Kopf und seine Knie, und decken Sie ihn, wenn gewünscht, mit einem Handtuch oder einer Decke zu. Auch Sie benötigen ein Kissen, um darauf zu knien, während Sie die Chakras erspüren. Der Partner kann aber auch auf dem Boden oder auf einem Hocker sitzen, sofern die Füße fest auf dem Boden liegen.

Das Erspüren

1. Knien Sie neben den Partner, schließen Sie die Augen, und konzentrieren Sie sich auf Ihren Körper und die Atmung. Erden Sie sich, indem Sie Wurzeln visualisieren, die aus Ihrer Wirbelsäule tief in die Erde wachsen.

2. Bitten Sie Ihren Partner, ein paar Mal tief zu atmen: »Atme das Licht der Engel ein und Stress aus.«

3. Reiben Sie sich kräftig die Hände, bis die Handflächen warm sind. Senken Sie die Hände langsam, bis sie ein paar Zentimeter über dem Steißbein – dem **Wurzelchakra** – des Partners schweben. Versuchen Sie, mit den Händen die Energie zu spüren, die das Chakra ausstrahlt. Probieren Sie es mit der rechten Hand, mit der linken Hand und mit beiden Händen übereinander in verschiedenen Abständen, bis Sie die Energie am deutlichsten spüren. Achten Sie auf Empfindungen in der Hand: Wärme, Kälte, Prickeln, viel Energie, Energiemangel.

4. Sobald Sie die Energie des Wurzelchakras gespürt haben, bewegen Sie die Hände nach oben zum **Sakralchakra** knapp unterhalb des Nabels. Spüren Sie die Energie dieses Chakras.

5. Führen Sie die Hände weiter nach oben zum **Sonnengeflecht** (oberhalb des Nabels), zum **Herzchakra** (Mitte des Brustkorbs), zum **Kehlchakra** (in der Kehle), zum **dritten Auge** (Mitte der Stirn) und zum **Kronenchakra** (höchster Punkt des Kopfes). Nehmen Sie sich so viel Zeit, wie Sie wollen.

6. Wenn Sie alle Energiezentren gespürt haben, konzentrieren Sie sich wieder auf Ihre Atmung. Legen Sie die Hände auf die Füße des Partners, und reiben Sie sie sanft, damit er sich seines Körpers wieder bewusst wird. Bitten Sie ihn, langsam die Augen zu öffnen.

Notieren Sie alles, was Sie erlebt haben. Natürlich können Sie diese Übung auch allein machen. Seien Sie unbesorgt, wenn Sie die Chakras anfangs nicht spüren; je mehr Sie üben, desto besser können Sie sich auf die feinstofflichen Körper einstimmen.

Die Chakras mit der Unterstützung der Engel erforschen

Engel und Erzengel fühlen sich zu bestimmten Chakras hingezogen. Mit der Unterstützung der Himmelswesen können Sie die Energiezentren erforschen, harmonisieren und heilen.

Vorbereitung

Bereiten Sie sich vor wie üblich. Wenn ein bestimmtes Chakra aus dem Gleichgewicht geraten ist, verbrennen Sie ein ätherisches Öl, das auf dieses Chakra einwirkt. Angenommen, Sie sind unsicher und schlecht geerdet. Dann verwenden Sie Benzoe oder Vetivert. Lassen Sie sich von der Nase leiten, und wählen Sie ein Öl, dessen Duft Sie anspricht. Wir wissen instinktiv, was wir brauchen. Sie können auch einen Tropfen Öl in die Mitte der Handfläche träufeln und dann mit beiden Händen verreiben.

Sakralchakra

Herzchakra

1. Setzen Sie sich bequem hin, entweder auf ein Kissen auf dem Boden oder auf einen Hocker. Wenn Sie wollen, können Sie sich auch auf eine gut gepolsterte Unterlage auf den Boden legen.
2. Konzentrieren Sie sich auf Ihren Körper, und visualisieren Sie Wurzeln, die tief in die Erde dringen, sodass Sie gut verankert sind.
3. Konzentrieren Sie sich auf die Atmung. Atmen Sie langsam und tief ein und aus. Atmen Sie das heilende Licht der Engel ein, und atmen Sie Verspannungen durch die Wurzeln in die Erde aus.
4. Sobald Sie entspannt sind, konzentrieren Sie sich auf das Wurzelchakra und visualisieren es als rubinrotes Licht. Legen Sie die Hände sanft auf den Körper, um das Chakra zu lokalisieren. Bitten Sie den Erzengel Sandalphon oder die Engel der Erde, das Wurzelchakra zu reinigen und zu heilen. Spüren Sie die Himmelswesen. Jetzt fühlen Sie sich geborgen und gut geerdet. Danken Sie den Engeln für ihren Segen.
5. Konzentrieren Sie sich nun auf das Sakralchakra, und legen Sie sanft die Hände darauf. Rufen Sie den Erzengel Camael an, der Risse in einer Beziehung heilt. Bitten Sie darum, dass Sie sich an niemanden anklammern, sondern andere Menschen sein lassen, was sie sind, damit sie sich frei ausdrücken können. Wenn Sie wollen, bitten Sie darum, mit einem Kind gesegnet zu werden. Falls Sie sexuell missbraucht wurden, ist dieses Energiezentrum geschlossen oder trüb. Bitten Sie in diesem Fall den Erzengel Gabriel, es zu reinigen und zu heilen, damit Ihre Sexualität sich wieder entfalten kann. Zum Schluss danken Sie den Engeln.
6. Konzentrieren Sie sich jetzt auf das Sonnengeflecht, und legen Sie sanft die Hände darauf. Visualisieren Sie seine Energie als warme, goldene Strahlen. Wenn Sie verspannt sind, bitten Sie den Erzengel Uriel und die Engel des Friedens, den inneren Aufruhr und die Furcht zu stillen und den Solarplexus mit Frieden zu erfüllen. Wenn Sie Schutz vor körperlichen, sexuellen oder übersinnlichen Angriffen brauchen, bitten Sie den Erzengel Michael darum. Dieser mächtige Engel stärkt auch das Selbstvertrauen und die Selbstachtung und gibt Ihnen den Mut und die Kraft, Hindernisse zu überwinden und sich zu ändern. Zum Schluss danken Sie den Engeln.
7. Konzentrieren Sie sich nun auf das Herzchakra, und visualisieren Sie es als schöne rosa Blüte mit zwölf Blütenblättern. Rufen Sie den Erzengel Camael, und bitten Sie ihn, Ihr Herz mit reiner, bedingungsloser Liebe zu erfüllen

und negative Emotionen zu beseitigen, zum Beispiel Eifersucht, Depression, Schuldgefühle, Bitterkeit oder Verzweiflung. Laden Sie Raphael in Ihr Herz ein, um seine tiefsten Wunden zu heilen. Danken Sie den Engeln.

8. Konzentrieren Sie sich jetzt auf das Kehlchakra, das Zentrum der Kommunikation. Berühren Sie die Kehle mit den Fingerspitzen, und visualisieren Sie ein blaues Licht in ihr. Sehen Sie, wie das Chakra sich öffnet, sodass Sie die Wahrheit sagen und sich selbst treu sein können. Rufen Sie Michael, den Erzengel der Wahrheit, der Ihnen den Mut und die Kraft gibt, sich Ihrer Wahrheit zu stellen und sie auszudrücken. Er hilft Ihnen, Heuchelei zu überwinden und zu sagen und zu tun, was Sie wirklich wollen. Danken Sie ihm für seinen Beistand.
9. Konzentrieren Sie sich nun auf das indigofarbene dritte Auge. Spüren Sie, wie es sich öffnet und Ihre Intuition weckt. Bitten Sie Gabriel, den Erzengel der Führung, Ihnen Ihr wahres Lebensziel zu zeigen, und bitten Sie den Erzengel Jophiel um Erleuchtung. Jophiel schenkt Ihnen Einsicht und geistige Klarheit.
10. Zum Schluss legen Sie die Hände sanft auf das Kronenchakra, das Sie mit Ihrem höheren Selbst verbindet und violettes Licht ausstrahlt. Verschmelzen Sie mit dem hoch schwingenden violetten Licht des Erzengels Zadkiel und Saint Germains, und bitten Sie beide, Ihre spirituelle Entwicklung zu beschleunigen. Zum Schluss danken Sie den himmlischen Helfern.
11. Atmen Sie die Liebe und das Licht der Engel und Erzengel ein. Spüren Sie, wie das himmlische Licht Ihr ganzes Wesen durchströmt. Seien Sie eins mit dem Göttlichen.
12. Konzentrieren Sie sich nun wieder auf den Körper, die Atmung und den Kontakt mit der Erde. Werden Sie sich allmählich Ihrer Umgebung bewusst, und öffnen Sie dann langsam die Augen.

Das dritte Auge

Jetzt fühlen Sie sich wundervoll erfrischt. Notieren Sie, was die Engel Ihnen mitgeteilt haben.

Es ist am besten, wenn Sie Ihre Chakras jede Woche harmonisieren. Sie können diese Übung auch mit einem Partner machen.

Engel und Kristalle

Seit dem Beginn der Zivilisation verehren die Menschen Kristalle wegen ihrer heiligen und heilenden Kräfte. Die Alten waren Experten auf diesem Gebiet. Die Bibel erwähnt zahlreiche Kristalle und Edelsteine, darunter Smaragd, Amethyst, Jaspis, Topas, Saphir, Achat und Diamant.

Kristalle sind eng mit der himmlischen Ebene verbunden, und mit ein paar Kristallen auf Ihrem Altar können Sie Engel anlocken. Dank ihrer Schwingung helfen uns die Kristalle, mit Engeln Kontakt aufzunehmen, um Weisheit, Rat und Heilung zu empfangen. Engel lieben zwar alle Kristalle, aber meiner Meinung nach hat jeder seine Favoriten. Rosenquarz zieht zum Beispiel den Erzengel Camael wie ein Magnet an, weil er bedingungslose Liebe ausstrahlt. Grüne Kristalle wie Aventurin, Smaragd und Jade rufen den Erzengel Raphael herbei, weil auch er die heilende Farbe Grün ausstrahlt.

Sie können Kristalle auf den Altar legen, in der Wohnung verteilen oder mit ihnen arbeiten, wie nachfolgend beschrieben. Kristalle helfen Ihnen, sich auf Engel einzustimmen und mit ihnen zu kommunizieren. Engel und Kristalle wollen uns dienen und unser Bewusstsein erweitern.

Die Auswahl eines Kristalls

Vertrauen Sie Ihrer Intuition und Ihren ersten Eindrücken, wenn Sie einen Kristall aussuchen. Der erste Kristall, zu dem Sie sich hingezogen fühlen, ist meist der Richtige. Sobald Sie sich auf ihn eingestimmt haben, können folgende Empfindungen auftreten:
1. Hitze, die vom Kristall ausgeht,
2. kalte Energie,
3. ein Pulsieren oder Vibrieren,
4. ein Gefühl der Ausgewogenheit und der Ganzheit,
5. Prickeln in beiden Händen,
6. Energie, die elektrischem Strom gleicht.

Hier sind zwei einfache, aber nützliche Methoden:

A. Intuition

1. Atmen Sie ein paar Mal tief. Entspannen Sie sich, und befreien Sie sich von negativen Gedanken und Gefühlen.
2. Konzentrieren Sie sich auf die Kristalle. Zieht einer von Ihnen Sie an?

3. Nehmen Sie einen Kristall nach dem anderen in die Hand, um seine Schwingung zu spüren. Rechtshänder sollten die empfänglichere linke Hand benutzen; bei Linkshändern ist meist die rechte Hand sensitiver. Wenn ein Kristall Sie intuitiv anspricht, wählen Sie ihn aus.

B. »Scannen«

1. Schütteln Sie die Hände aus, um Energieblockaden zu entfernen, und reiben Sie die Handflächen aneinander, damit sie sensitiver werden.
2. Atmen Sie tief, um negative Energie zu entfernen. Konzentrieren Sie sich auf Ihre Gedanken.
3. Bewegen Sie die linke Hand (als Linkshänder die rechte) sehr langsam über die Steine.
4. Der Kristall, der zu Ihnen passt, fühlt sich warm oder kalt an, oder er löst ein Prickeln aus.

Es gibt noch viele andere Methoden, zum Beispiel Pendeln und Kinesiologie (Muskeltest).

Kristalle reinigen

Es ist wichtig, einen Kristall vor dem Gebrauch von negativen Schwingungen zu reinigen, die von früheren Benutzern stammen. Hierfür gibt es einfache Methoden.

1. Die Wasser-Methode (für Menschen, die in einem Wasserzeichen geboren wurden). Am besten halten Sie den Kristall in eine Quelle, in einen Bach oder unter einen Wasserfall. Wenn das nicht möglich ist, nehmen Sie Quellwasser aus einer Flasche. Man kann Kristalle auch im Meer reinigen, wenn man sie hinterher gründlich abspült (Salz kann ihnen schaden).

2. Die Erd-Methode (für Menschen, die in einem Erdzeichen geboren wurden). Vergraben Sie Ihren Kristall in der Erde – im Garten oder in einem Blumentopf –, und lassen Sie ihn mindestens 24 Stunden liegen. Waschen Sie ihn dann gründlich mit reinem Quellwasser.

3. Die Feuermethode (für Menschen, die in einem Feuerzeichen geboren wurden). Umgeben Sie den Kristall mit Nachtlichtern, und lassen Sie die Lichter vollständig abbrennen; oder zünden Sie eine Kerze an, und bewegen Sie den Kristall schnell durch die Flamme.

4. Die Räucher-Methode (für Menschen, die in einem Luftzeichen geboren wurden). Zünden Sie ein Räucherstäbchen an, und blasen Sie die Flamme aus. Halten Sie den Kristall in den Rauch, sodass das Element Luft negative Energie entfernen kann.

5. Die Blumen-Methode (meine Lieblingsmethode, für alle geeignet). Legen Sie ein paar Blumen in einen Behälter aus durchsichtigem Glas. Decken Sie den Kristall vollständig mit Blütenblättern zu, und lassen Sie ihn etwa 24 Stunden liegen. Verwenden Sie Blumen, die zur Farbe des Kristalls passen, also Rosen für Rosenquarz, Lavendel für einen purpurnen Amethyst und so weiter.

Weihen Sie Ihren Kristall den Engeln

Nun weihen Sie den sauberen Kristall den Engeln. Legen Sie ihn auf Ihren Altar, zünden Sie eine Kerze an, und verbrennen Sie ein wenig ätherisches Öl. Sobald Sie entspannt sind, laden Sie die Engel ein. Legen Sie die Hände sanft auf den Kristall, und sprechen Sie eine Widmung, zum Beispiel: »Ich weihe diesen Kristall den Engeln als Band zwischen Himmel und Erde. Mögen sie das Band stärken und mir helfen, Kontakt mit dem Engelsbewusstsein aufzunehmen.«

Alle Kristalle erleichtern den Kontakt mit den Engeln. Dennoch haben die Engel eine Vorliebe für bestimmte Kristalle. Welche Steine die einzelnen Erzengel besonders ansprechen, lesen Sie auf den folgenden Seiten.

Vertrauen Sie im Zweifel jedoch immer Ihrer Intuition, und nehmen Sie den Kristall, der sich »gut anfühlt«.

Kristalle für den Kontakt mit Erzengel Michael

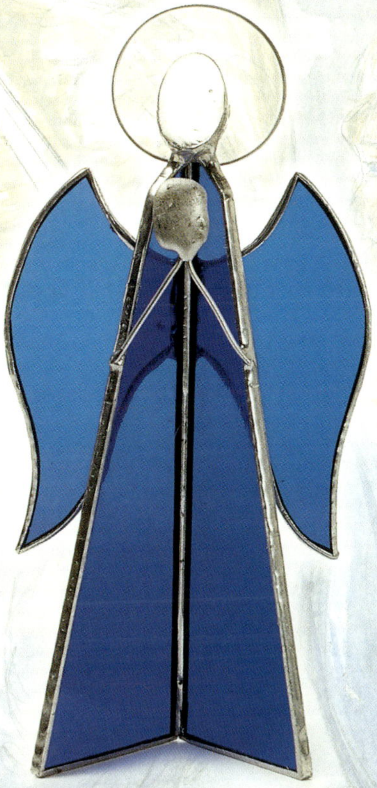

Farbe: Blau und Gold
Schlüsselwörter: Schutz, Mut, Stärke, Wahrheit

Wenn Sie Kontakt mit Michael und den Engeln des Schutzes, des Mutes und der Wahrheit aufnehmen wollen, helfen Ihnen die folgenden Anregungen:

Tigerauge

Farbe: Dunkelgelb mit braunen Bändern
Funktionen:
- Schutz vor negativen Einflüssen
- hebt die Selbstachtung
- hilft, Süchte zu überwinden

Aquamarin

Farbe: Bläulichgrün
Funktionen:
- hilft uns, die Wahrheit zu sagen
- lindert Stress und gibt Mut
- macht tapfer

Türkis

Farbe: Grünlichblau
Funktionen:
- Schutz
- fördert die bewusste Kommunikation
- schenkt Wahrheit und Würde

Lapislazuli

Farbe: strahlendes Blau
Funktionen:
- hilft uns, unsere Meinung zu sagen
- verkörpert den Geist der Wahrheit
- reinigt das Kehlchakra

Kristalle für den Kontakt mit Erzengel Raphael

Farbe: Grün, tiefes Rosa
Schlüsselwörter: Heilung, Ganzheit, Einheit

Folgende Kristalle helfen Ihnen, Kontakt mit Raphael und den Engeln der Liebe und der Heilung aufzunehmen:

Aventurin

Farbe: Grün
Funktionen:
- Heilung und Trost
- hilft uns, Liebe und Mitgefühl zu zeigen
- öffnet das Herzchakra

Smaragd

Farbe: Hellgrün bis Dunkelgrün
Funktionen:
- heilt alle Probleme, vor allem jene des Herzens, der Brust und der Gefühle
- fördert Harmonie und Ganzheit

Chrysopras

Farbe: Grün
Funktionen:
- öffnet, aktiviert und stärkt das Herzchakra
- hilft, gebrochene Herzen zu heilen
- hilft uns, andere und uns selbst zu lieben

Kristalle für den Kontakt mit Erzengel Camael

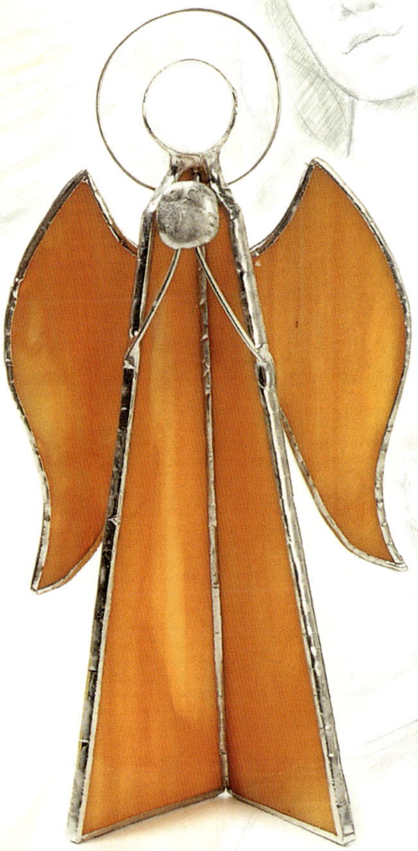

Farbe: Rosa und Orange
Schlüsselwörter: bedingungslose Liebe, Beziehungen

Die folgenden Kristalle helfen Ihnen, sich mit Camael zu verbinden:

Rosenquarz

Farbe: Rosa
Funktionen:

- fördert Mitgefühl, Toleranz, Vergebung und bedingungslose Liebe
- lindert Herzprobleme
- harmonisiert den emotionalen Körper

Kunzit

Farbe: blasses Rosa
Funktionen:

- tröstet und heilt das physische und emotionale Herz
- weckt Mitgefühl
- regt das Immunsystem an

Kristalle für den Kontakt mit Erzengel Gabriel

Farbe: Indigo und Weiß
Schlüsselwörter: Führung, Vision, Prophetie, Inspiration, Reinheit

Folgende Kristalle helfen Ihnen, Kontakt mit Gabriel und den Engeln der Vision und der Prophetie aufzunehmen:

Tansanit

Farbe: Lavendelblau
Funktionen:
- fördert Visionen
- aktiviert übersinnliche Fähigkeiten
- ermöglicht die Kommunikation mit Engeln, Geistführern, hohen Meistern und Wesen aus anderen Dimensionen

Iolith

Farbe: Indigo
Funktionen:
- fördert Visionen und Prophetie
- öffnet das dritte Auge
- führt uns auf dem spirituellen Pfad
- weckt übersinnliche Kräfte
- stärkt die Intuition

Lapislazuli

Farbe: strahlendes Blau
Funktionen:
- erleichtert die Traumdeutung
- fördert die Einstimmung auf Intuition und übersinnliche Kräfte
- fördert Visionen
- fördert die Reinigung

Blauer Kalzit

Farbe: Blau
Funktionen:
- reinigt die Chakras
- verbessert die Erinnerung an medial übermittelte Botschaften

Kristalle für den Kontakt mit Erzengel Jophiel

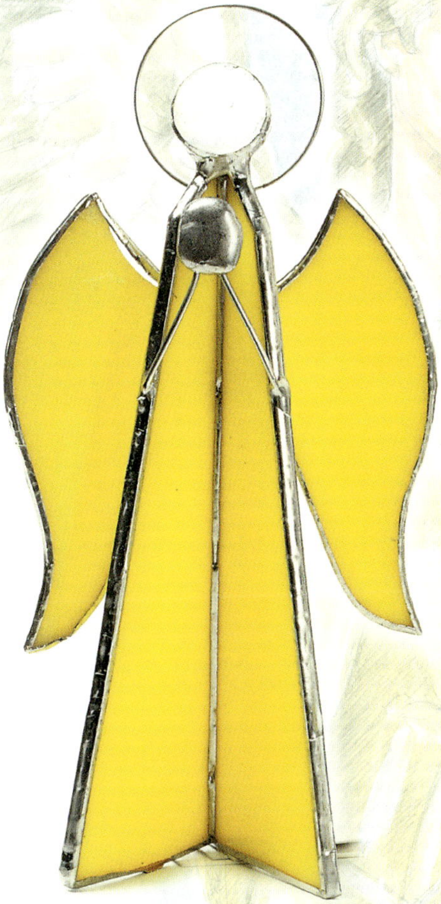

Farbe: Gelb
Schlüsselwörter: Erleuchtung, Weisheit

Die folgenden Kristalle helfen Ihnen, sich mit Jophiel und den Engeln der Freude zu verbinden:

Goldener Labradorit (Sonnenstein)

Farbe: Gelb
Funktionen:

- schenkt Freude und Lachen
- macht das Leben wieder schön
- fördert den Kontakt mit dem inneren Licht

Zitrin

Farbe: Gelb
Funktionen:

- harmonisiert das Sonnengeflecht
- fördert Freude, Entzücken und Begeisterung
- wehrt negative Energien ab

Kristalle für den Kontakt mit Erzengel Uriel

Farben: Gold und Purpur
Schlüsselwörter: Frieden, Ruhe, Geben, Hingabe

Ametrin

(er hat die Farben des Amethysts und des Zitrins)

Farbe: Gold und Violett
Funktionen:

- lindert Depressionen und wehrt negative Energie ab
- bringt einer verstörten Seele Frieden
- zerstreut Furcht und Phobien
- harmonisiert die Emotionen

Angelit

Farbe: Lila
Funktionen:

- bringt inneren Frieden und Ruhe
- fördert die selbstlose Hingabe
- hilft bei der Einstimmung auf Engel

Kristalle für den Kontakt mit Erzengel Zadkiel

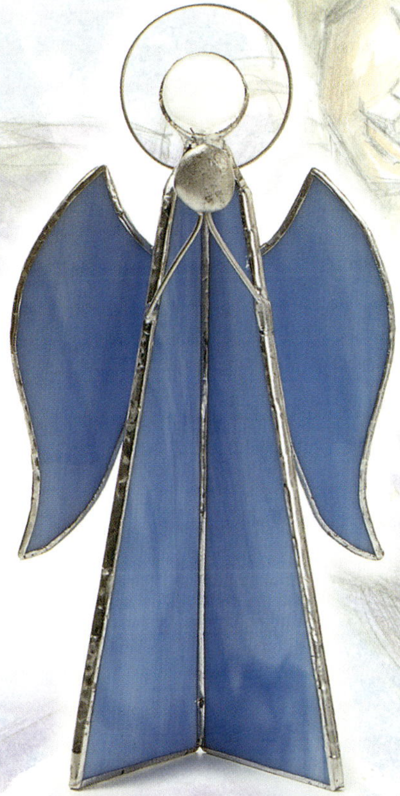

Farbe: Violett

Schlüsselwörter: Vergebung, Toleranz, Umwandlung negativer Energie

Amethyst

Farben: Violett oder Purpur

Funktionen:

- ein Heiler, der transformiert
- transformiert blockierte Energie
- fördert das spirituelle Wachstum

Charoit

Farbe: Purpur

Funktionen:

- ein spiritueller Transformator
- befreit das Kronenchakra
- transformiert negative Energie

Elestial

Der Elestial (ein Amethyst) ist ein außergewöhnlicher, hochwirksamer Kristall. Er sieht aus, als sei ein Kristall auf einem anderen gewachsen. Man nennt ihn auch »Geschenk der Engel«, denn *El* ist der heilige Name Gottes. J. J. Hurtak schrieb: »Wenn wir diesen Namen aussprechen, erschallen die Trompeten im Himmel und die Tore der Wahrnehmung öffnen sich.« Die Schwingung dieses Namens ermöglicht es uns, mit Engeln Kontakt aufzunehmen.

Farbe: Purpur

Funktionen:

- entfernt karmische Blockaden und beschleunigt das spirituelle Wachstum
- schenkt Weisheit und kosmisches Verständnis
- öffnet das dritte Auge und das Kronenchakra
- lockt Erzengel Zadkiel und den großen Meister Saint Germain mit ihrer violetten Flamme an

Tragen Sie den gewählten Kristall bei sich, wenn Sie bestimmte Engel rufen wollen. Er verbindet Sie im Alltag mit den höheren Energien. Legen Sie immer einige Kristalle auf Ihren Altar, und verwenden Sie einen Kristall beim Meditieren.

Die Aromakristall-Meditation

Gehen Sie an Ihren heiligen Ort, zünden Sie eine Kerze an, und wählen Sie einen Kristall und ein ätherisches Öl aus, das zu dem Engel passt, mit dem Sie Kontakt aufnehmen wollen.

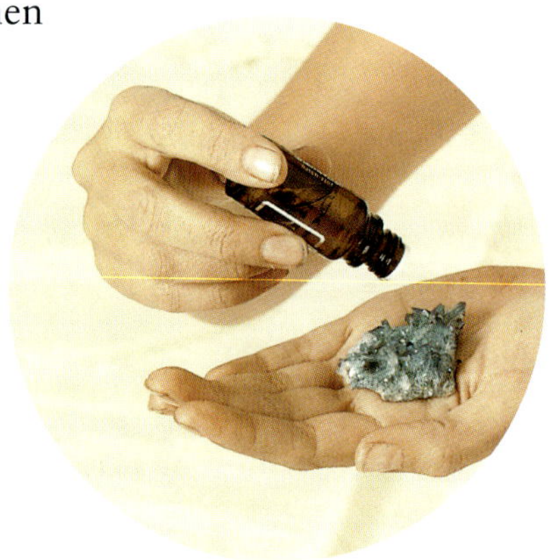

Angenommen, Sie haben Halsbeschwerden. Dies könnte damit zusammenhängen, dass Sie Ihre Wahrheit nicht aussprechen (siehe Seite 86). Denken Sie darüber nach. Sagen Sie immer, was andere Leute Ihrer Meinung nach hören wollen? Sind Sie, was Sie wirklich sind? Da Erzengel Michael mit der Energie des Kehlchakras arbeitet, werfen Sie einen Blick auf die Liste der Kristalle und der ätherischen Öle. Zu welchen fühlen Sie sich hingezogen? Nehmen wir an, Sie entscheiden sich für

Erzengel Michael – Aquamarin – blaue Kamille

Geben Sie einen Tropfen Kamillenöl auf den Amethyst, und Sie haben einen »Aromakristall«, der Sie mit Michael verbindet. Beginnen Sie dann zu meditieren.

1. Setzen Sie sich mit geradem Rücken auf ein Kissen auf dem Fußboden, und verbinden Sie sich mit Mutter Erde.
2. Konzentrieren Sie sich auf die Atmung. Entspannen Sie sich.
3. Halten Sie den Aromakristall zwischen den Handflächen (Gebetshaltung) vor das Herzchakra, denn dort verbinden sich die Engel mit Ihnen. Spüren Sie die starken Schwingungen des Kristalls und des Öles.
4. Sobald Sie auf den Kristall eingestimmt sind, rufen Sie Ihren Engel: »Ich möchte mich mit ... verbinden.« Wahrscheinlich ist der Engel bereits da, weil der Aromakristall ihn angelockt hat.
5. Schwelgen Sie in der bedingungslosen Liebe und im Licht des Engels. Bitten Sie ihn um Führung oder Heilung.
6. Bleiben Sie bei Ihrem Engel, solange Sie wollen. Danken Sie ihm zum Schluss.
7. Werden Sie sich Ihres Körpers und Ihrer Atmung bewusst, und öffnen Sie langsam die Augen.

Notieren Sie Ihre Erlebnisse. Reinigen Sie den Aromakristall gründlich.

Kristalle und Chakras

Sie können Kristalle auf Chakras legen, um sie zu harmonisieren und zu heilen. Wenn sie blockiert sind, werden Sie krank; wenn die Energie frei fließt, fühlen Sie sich gesund und ausgewogen.

Sie brauchen sieben Kristalle, einen für jede Chakrafarbe. Nehmen Sie kleine Kristalle, da sie auf den Körper gelegt werden. Die Folgenden sind besonders wirksam:

Wurzelchakra (rot)

Rote Steine steigern die Energie:

- Rubin

- Granat

- roter Jaspis
- auch: Blutstein, roter Kalzit

Schwarze oder braune Steine erden und schützen:

- Rauchquarz

- schwarzer Turmalin
- auch: Obsidian, schwarzer Achat

Sakralchakra (orangefarben)

Diese Steine fördern die Sinnlichkeit und die Kreativität:

- orangefarbener Kalzit

- Zitrin

- Karneol

- Topas
- auch: Bernstein, orangefarbener Sonnenstein

Sonnengeflecht (gelb)

Diese Steine lindern Spannungen und schenken Mut, Selbstvertrauen und Freude:

- Zitrin

- Tigerauge
- auch: Ametrin, goldener Sonnenstein

Herzchakra (rosa und grün)

Diese Steine fördern Mitgefühl und bedingungslose Liebe:

- Smaragd

- Jade

- Rosenquarz

- Kunzit
- auch: Chrysopras, grüner Aventurin

Kehlchakra (blau)

- blauer Achat

- Aquamarin

- Türkis
- auch: Lapislazuli, Chrysokoll

Drittes Auge (indigo)

Diese Steine wecken die Intuition:

- Lapislazuli

- Tansanit
- auch: Iolith

Kronenchakra (violett)

Diese Steine verbinden uns mit dem höheren Selbst:

- Amethyst

- klarer Quarz

- Selenit

- Charoit

Die Harmonisierung der Chakras

Ihr Partner liegt auf einer gut gepolsterten Unterlage auf dem Rücken. Legen Sie ein Kissen unter seinen Kopf und eines unter seine Knie. Halten Sie die sieben kleinen Steine – einen für jedes Chakra –, die Sie ausgewählt haben, griffbereit.

1. Sie sollten beide entspannt und geerdet sein. Knien Sie neben den Füßen des Partners, sammeln Sie sich, und atmen Sie ein paar Mal tief, um negative Energie loszuwerden. Halten Sie die Füße des Partners sanft fest, und visualisieren Sie Wurzeln, die aus seinen Fußsohlen und seiner Wirbelsäule in die Erde wachsen.

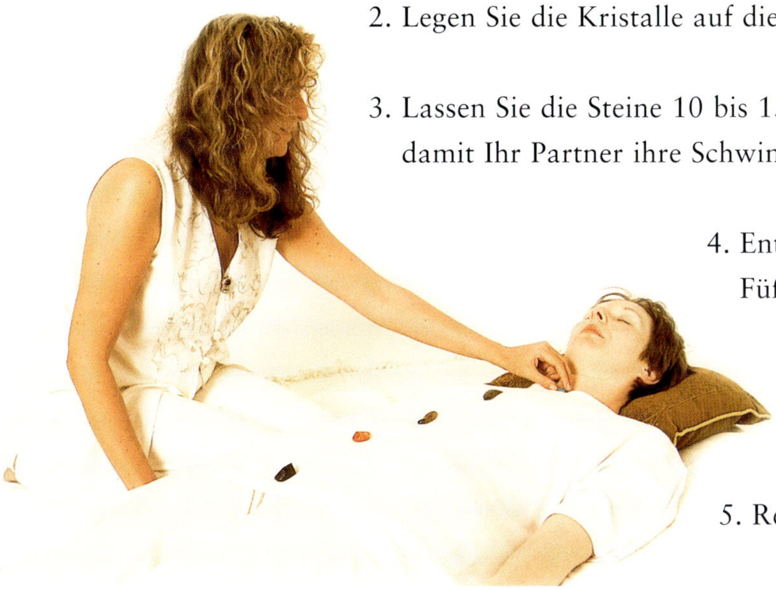

2. Legen Sie die Kristalle auf die sieben Hauptchakras.

3. Lassen Sie die Steine 10 bis 15 Minuten liegen, damit Ihr Partner ihre Schwingungen absorbiert.

4. Entfernen Sie die Kristalle. Reiben Sie die Füße und die Unterschenkel des Partners sanft ab, um ihn zu erden und zu harmonisieren. Danken Sie den Engeln für ihre Hilfe.

5. Reinigen Sie die Kristalle.

6. Bitten Sie Ihren Partner, langsam die Augen zu öffnen.

Natürlich können Sie diese Übung auch allein machen.

Engel im Alltag

Wenn Sie sich regelmäßig mit Engeln verbinden, können Sie diese Wesen bald überall sehen und fühlen – sie sind immer bei Ihnen. Engel besuchen uns nicht nur an unserem heiligen Ort, sondern sie sind in jedem Augenblick des Tages da und schützen und führen uns. Warten Sie nicht auf einen Notfall oder auf eine Krise, bis Sie die Engel rufen. Keine Aufgabe ist für sie zu groß oder zu klein. Suchen Sie einen Parkplatz, haben Sie etwas verloren, ist die Waschmaschine kaputt? Die Engel sind glücklich, wenn sie helfen dürfen. Keine Bitte ist zu banal – warum also machen Sie sich das Leben unnötig schwer?

Die Engel des Schutzes

Rufen Sie die Engel des Schutzes, um Angehörige zu behüten.

Sie können Ihr Haus, Ihr Auto und Ihre Familie schützen, indem Sie die Engel des Schutzes rufen.

Bitten Sie diese Engel auch vor dem Schlafengehen, Ihr Haus in ihre liebevolle, schützende Energie zu hüllen. Die Engel bauen dann ein unüberwindliches Kraftfeld auf, das Einbrecher abschreckt.

Wenn Sie parken – vor allem in einer unbekannten oder unsicheren Gegend – rufen Sie diese Engel ebenfalls herbei, damit sie das Auto schützen. Sollte Ihnen einmal das Benzin ausgehen, bitten Sie darum, geschützt zu sein und bald gerettet zu werden.

Rufen Sie diese Engel auch, um auf Reisen geschützt zu sein.

Rufen Sie Ihre Engel in jeder ungemütlichen Situation, um vor negativer Energie geschützt zu sein. Wenn Ihre Kinder zur Schule gehen, visualisieren Sie, wie die Engel sie behüten und ihnen helfen. Schicken Sie Freunden und Angehörigen Engel, damit sie sich gut behütet fühlen.

Auf einer Reise bitten Sie die Engel, Ihr Auto und seine Insassen zu schützen. Wenn Sie fliegen, umgeben Sie das Flugzeug mit einem ganzen Heer von Engeln.

Die Reparaturengel

Kurz bevor ich dieses Buch vollendete, streikte plötzlich die Festplatte meines Computers, und ich hatte meine Daten noch nicht gespeichert. Ein Teil meiner Arbeit schien unwiderruflich verloren zu sein. Also schickte ich ein SOS an die Engel der Reparatur, und siehe da – ein paar Minuten später arbeitete der Rechner wieder!

Bitten Sie die Engel immer um Hilfe, wenn ein Apparat streikt.

Engel helfen auch bei Problemen mit Computern und anderen Apparaten.

Die Engel des Findens

Wie oft waren Sie schon aufgeregt, weil Sie Ihre Schlüssel verloren hatten? Es kann frustrierend und zeitraubend sein, verlorene Dinge zu suchen. Darum ist es sehr vernünftig, die Engel um Hilfe zu bitten.

Ich habe schon oft gehört, dass Leute stunden- oder gar tagelang nach verlegten Dokumenten oder Schmuckstücken suchten. Dann baten sie die Engel um Hilfe und fanden das Vermisste Minuten später.

Es genügt, wenn Sie sagen: »Bitte helft mir, ... zu finden.« Vielleicht hören Sie eine Stimme, die Ihnen sagt, wo Sie nachsehen sollen, oder Sie sehen mit dem inneren Auge, wo das Objekt liegt, oder etwas zieht Sie in das Zimmer, in dem es sich befindet. Wenn Sie nicht sofort eine Antwort bekommen, fragen Sie die Engel kurz vor dem Schlafengehen noch einmal. Am nächsten Morgen fällt Ihnen dann plötzlich ein, wo Sie den vermissten Gegenstand suchen sollen – oder er liegt auf dem Nachttisch.

Bitten Sie die Engel um Hilfe, um verlorene Gegenstände zu finden.

Wenn Sie etwas außer Haus verloren haben, rufen Sie den Erzengel Michael, damit er es bewacht. Dann bitten Sie die Engel des Findens um einen Hinweis. Wenn Sie Ihren Besitz wiederhaben, ist er bestimmt unversehrt.

Parkplatzengel

Wenn Sie einen Parkplatz suchen, können Sie ebenfalls Engel anrufen. Sagen Sie ihnen schon vor Beginn der Reise, wo Sie ungefähr parken wollen, und sie werden versuchen, Ihnen zu helfen. Das Ergebnis ist erstaunlich – Sie finden ohne Probleme einen Parkplatz.

Die Engel des Einkaufens

Die Engel des Einkaufens ersparen Ihnen eine Menge Geld!

Bitten Sie die Engel auch, Sie beim Einkaufen zu begleiten – sie können Ihnen eine Menge Zeit, Energie und Geld ersparen. An Weihnachten sah meine Tochter Chloe einen Füllfederhalter im Schaufenster eines Juweliers und entschied, dies sei das beste Geschenk für ihre Geschichtslehrerin, die an der Schule einen Kurs in Kalligrafie gab. Wir gingen in das Geschäft, und Chloe war sehr enttäuscht zu hören, dass der Füller bereits verkauft war und der Besitzer hunderte von Kilometern entfernt wohnte. Also rief ich die Engel an, und die Rettung kam sofort. Mir fiel der Name eines anderen Geschäftes ein, und als wir dort eintrafen, fanden wir zu unserer Überraschung genau das, was wir suchten: einen Füllfederhalter mit einer roten Feder. Unsere Engel machten es uns leicht und ersparten uns viel Zeit und Mühe.

Erst vorige Woche wollte ich eine Hose für meine Tochter kaufen. Doch als ich sie bezahlen wollte, hatte die Kassiererin die Kasse eben geschlossen – es war Ladenschluss. Also bat ich sie, die Hose für mich zurückzulegen. Einige Tage später wollte ich sie abholen, aber eine innere Stimme drängte mich, in ein anderes Geschäft zu gehen. Dort fand ich die gleiche Hose zu einem viel günstigeren Preis. Lassen Sie sich also von Ihren Engeln auf günstige Angebote aufmerksam machen!

Wenn Sie im Supermarkt eine Ware nicht finden, können Sie Ihren Engel fragen, und bald stehen Sie vor dem richtigen Regal. Wenn Sie wissen, dass Sie etwas vergessen haben, aber nicht, worum es sich handelt, fragen Sie einen Engel, und schon fällt es Ihnen ein. Bedanken Sie sich immer für Ihr Essen. Das Licht eines Engelsgebetes reinigt eine Mahlzeit und lädt sie mit Energie, sodass sie viel gesünder und nahrhafter wird.

Die Engel der Richtung

Engel helfen Ihnen, den Weg zu finden.

Ich hatte nie einen guten Orientierungssinn und bin auch keine gute Kartenleserin. Trotzdem nehme ich nie eine Karte mit, wenn ich verreise, nicht einmal im Ausland. Ich bitte einfach die Engel, mich an mein Ziel zu führen, und zur Überraschung aller hat diese Methode noch nie versagt. Manchmal führen mich die Engel durch Seitenstraßen, die sonst nur Anwohner kennen, oder sie fordern mich auf, an der Seite der Straße zu halten. Zu jeder Tages- und Nachtzeit erscheint sofort »jemand« und sagt mir genau, wohin ich fahren soll – und wenn ich mich dann umsehe, ist er verschwunden.

Engel waren nie inkarniert und können keine Menschen werden. Menschen werden ihrerseits nie Engel. Aber ich bin sicher, dass Engel zeitweilig Menschengestalt annehmen können, wenn es notwendig ist. Ich habe es oft erlebt und kenne viele Leute mit ähnlichen Erfahrungen.

Ich hoffe, Sie haben Freude daran, mit Engeln zu arbeiten. Bitte rufen Sie die himmlischen Wesen, damit sie an Ihrem täglichen Leben teilnehmen. Denken Sie daran, dass die Engel geduldig auf Ihren Ruf warten. Es liegt an Ihnen, sie um Hilfe zu bitten.

Bittet, und ihr werdet bekommen! Sucht, und ihr werdet findet! Klopft an, und man wird euch öffnen!

Matthäus 7:7

Das Rad der Engel

Das Rad der Engel hilft Ihnen, mit Engeln Kontakt aufzunehmen und mit ihnen zu arbeiten. Es ist eine intuitive Methode, um die Inspiration und die Führung Ihrer Engel zu empfangen. Das Rad der Engel erleichtert es Ihnen, sich auf bestimmte Lebensbereiche zu konzentrieren, und führt Sie sanft auf den spirituellen Pfad. Und es macht Spaß, damit zu arbeiten!

Das Rad der Engel anwenden

1. Setzen Sie sich mit dem Rad der Engel auf dem Schoß oder auf dem Tisch bequem hin. Schließen Sie die Augen, und konzentrieren Sie sich auf die Atmung. Atmen Sie ein paar Mal tief. Atmen Sie die Liebe und das Licht der Engel ein und Verspannungen aus.
2. Legen Sie die Handfläche auf das Rad, und umkreisen Sie es neun Mal im Uhrzeigersinn. Dadurch dringt Ihre Energie in das Rad ein.
3. Lassen Sie die Hand auf der Seite, verbinden Sie sich mit Ihrem Lieblingsengel, und bitten Sie ihn laut oder stumm um Hilfe bei der Auswahl.
4. Lassen Sie die Augen geschlossen, und heben Sie die Handfläche (sie zeigt nach unten) einige Zentimeter über die Seite. Bitten Sie die Engel nun um generelle Führung oder um eine Antwort auf eine Frage, zum Beispiel: »Bitte zeigt mir, womit ich mich als Nächstes befassen soll.«
5. Lassen Sie den Mittelfinger sinken, sodass er auf das Rad zeigt, und senken Sie ihn langsam auf die Seite ab.
6. Öffnen Sie die Augen, und lesen Sie die Botschaft des Engels. Alles, was Sie brauchen, um sie zu deuten, finden Sie auf den folgenden Seiten.
7. Zum Schluss legen Sie die Hand mit der Handfläche nach unten auf das Rad und danken den Engeln für ihren Rat. Wenn ein Freund oder Partner das Rad benutzen will, bitten Sie die Engel, Ihre Energie aus dem Rad zu entfernen, damit sie nicht stört.

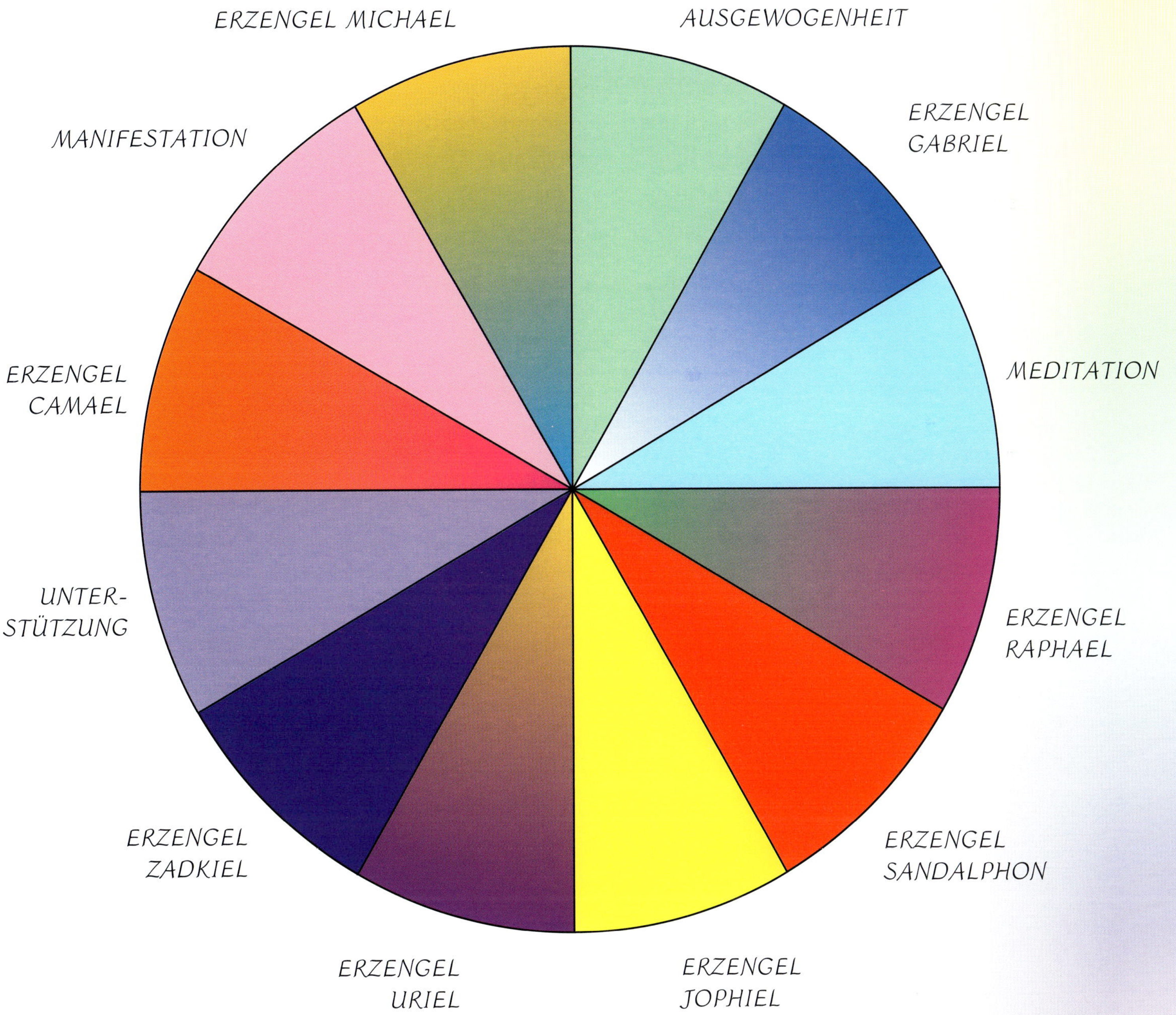
ERZENGEL MICHAEL
AUSGEWOGENHEIT
ERZENGEL GABRIEL
MANIFESTATION
MEDITATION
ERZENGEL CAMAEL
UNTER-STÜTZUNG
ERZENGEL RAPHAEL
ERZENGEL ZADKIEL
ERZENGEL SANDALPHON
ERZENGEL URIEL
ERZENGEL JOPHIEL

Die Deutung des Rades der Engel

Erzengel Michael

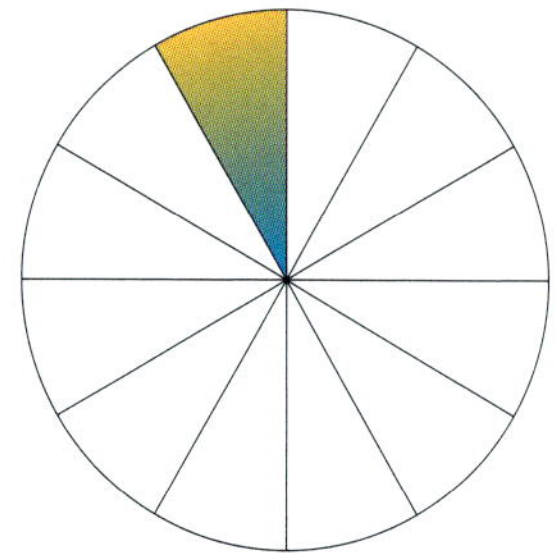

Bedeutung:

- Schutz
- Mut
- Wahrheit

Michael will Ihnen sagen, dass er Sie körperlich, seelisch und geistig schützt und dass Sie jetzt sicher sind. Fürchten Sie sich nicht, denn er ist bei Ihnen. Wenn Sie Michael gewählt haben, müssen Sie Veränderungen vornehmen (Beruf, Beziehungen usw.). Der Engel gibt Ihnen Mut und Kraft, um Hindernisse zu beseitigen.

Michael ist das Symbol der Wahrheit. Er drängt Sie, tief in sich hineinzuschauen, Ihre wahre Natur zu entdecken und zu sein, wer Sie wirklich sind.

Erzengel Raphael

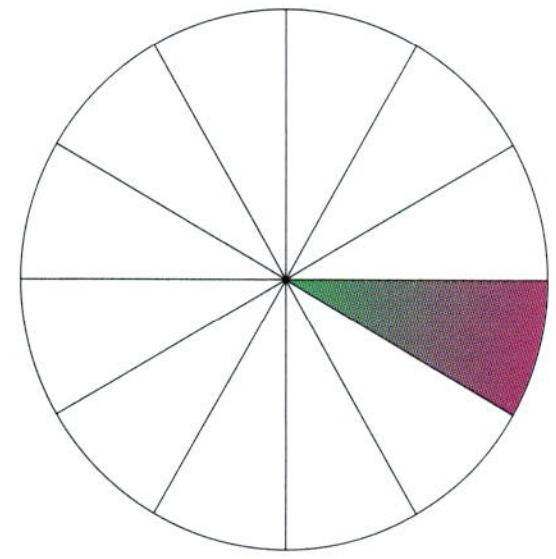

Bedeutung:

- Heilung
- Ganzheit

Wenn Sie Raphael gerufen haben, besitzen Sie eine natürliche Heilkraft. Sollte jemand in Ihrer Umgebung körperlich, seelisch oder spirituell krank sein, hilft Raphael Ihnen beim Heilen. Hüllen Sie den Kranken in herrliches, heilendes Licht ein und beobachten Sie, was geschieht.

Raphael will Ihnen vielleicht auch sagen, dass eine Beziehung, eine schwierige Situation oder eine Krankheit bald geheilt wird. Fürchten Sie sich nicht – bald fühlen Sie sich wieder ausgewogen und heil.

Erzengel Camael

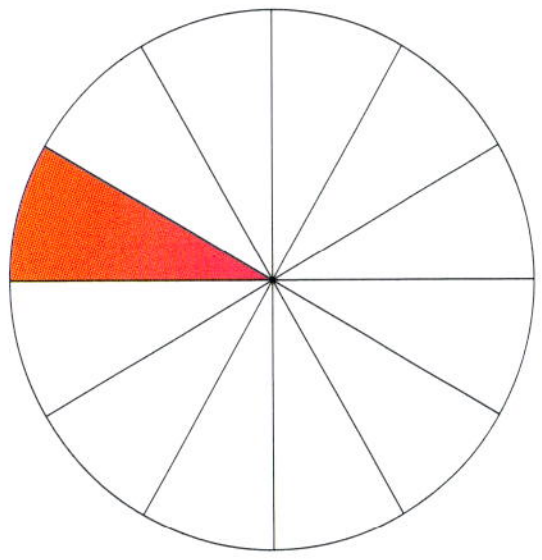

Bedeutung:

- Liebe
- Trost
- Beziehungen

Camael verkörpert bedingungslose Liebe. Er will, dass Sie sich selbst lieben, so wie Sie sind, dass Sie tief in Ihr Herz schauen und alle negativen Gefühle loslassen. Schließen Sie alte Wunden, und Ihr Herz wird von göttlicher Liebe überfließen.

Camael hilft Ihnen, sich von alten Beziehungen zu lösen oder Brüche in Ihren jetzigen Beziehungen zu heilen. Klammern Sie sich an niemanden, denn Sie können Menschen nicht besitzen. Wenn Sie einen Menschen lieben, müssen Sie ihm die Freiheit geben zu sein, wer er ist. Versuchen Sie nicht, ihn einzuengen oder zu beaufsichtigen.

Camael erinnert Sie daran, dass er immer da ist, bereit, Sie liebevoll zu umarmen.

Erzengel Gabriel

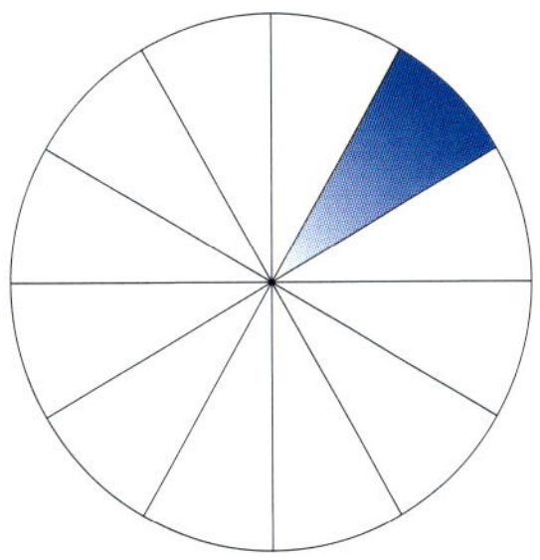

Bedeutung:

- Führung
- Prophetie
- Reinheit

Vielleicht haben Sie Gabriel gewählt, weil Sie eine neue Stelle suchen, umziehen wollen oder eine Beziehung beenden wollen und sich über die Folgen nicht im Klaren sind. Gabriel ist immer für Sie da und führt Sie durch die bevorstehenden Veränderungen. Falls Sie unzufrieden mit Ihrem Leben sind, hilft Gabriel Ihnen, Ihren Seelenpfad zu entdecken. Bitten Sie um seine Führung, um das wahre Ziel Ihres Lebens zu finden.

Wenn Sie Gabriel gerufen haben, besitzen Sie wahrscheinlich prophetische Fähigkeiten und können hellsehen. Öffnen Sie Ihr drittes Auge, und Sie werden erstaunt sein!

Gabriel symbolisiert Reinheit. Sollten Sie besser auf Ihren Körper und seine Ernährung achten und sich mehr bewegen? Gabriel hilft Ihnen, Unreinheiten zu entfernen und auf minderwertiges Essen zu verzichten. Er beseitigt auch unreine und negative Gedanken und Gefühle.

Erzengel Jophiel

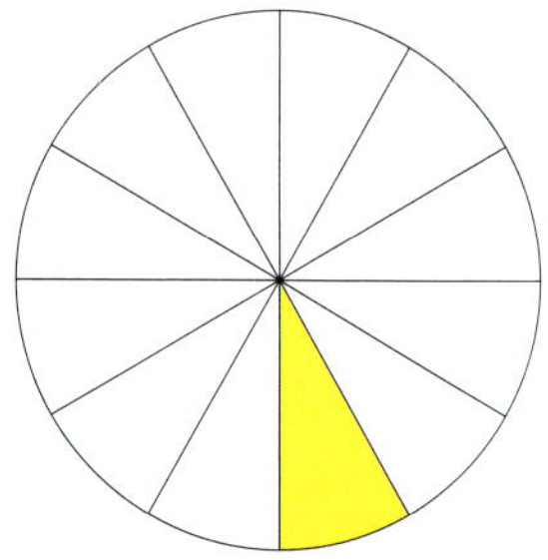

Bedeutung:

- Erleuchtung
- Freude

Jophiel will, dass Sie in der nahen Zukunft auf jeden neuen Gedanken achten. Vielleicht macht eine Situation oder ein Mensch Sie unsicher. Jophiel schickt Ihnen Inspiration, und alles wird für Sie enthüllt.

Jophiel bringt Ihnen Licht und Freude, Spaß und Lachen. Arbeiten Sie nicht den ganzen Tag – entspannen Sie sich öfter, und genießen Sie die Wunder des Lebens.

Wenn Sie niedergeschlagen sind, erinnert Jophiel Sie daran, dass er da ist, um Ihr Leben sonniger zu machen.

Erzengel Uriel

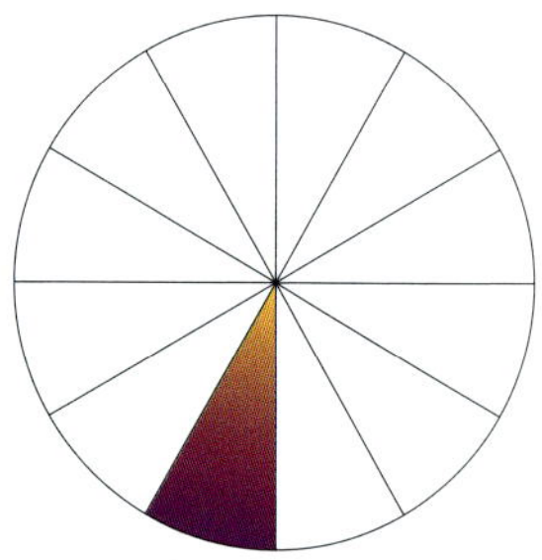

Bedeutung:

- Frieden
- Dienst am Nächsten

Uriel bringt Ihnen Frieden. Er hilft Ihnen, innere Konflikte zu bewältigen. Sind Sie gereizt oder wütend? Können Sie Gedanken nicht »abschalten«? Haben Sie Schlafstörungen oder Probleme mit einer Beziehung? Uriel reinigt Ihr Sonnengeflecht, wenn Sie unter Stress stehen oder nervös sind, und erfüllt Sie mit Ruhe und Frieden.

Uriel verkörpert auch den Dienst am Nächsten. Er möchte, dass Sie anderen aus Freude helfen, nicht um davon zu profitieren. Wir alle können der Menschheit dienen. Rufen Sie Uriel, um zu erfahren, welche Aufgabe Sie im Leben haben.

Erzengel Zadkiel

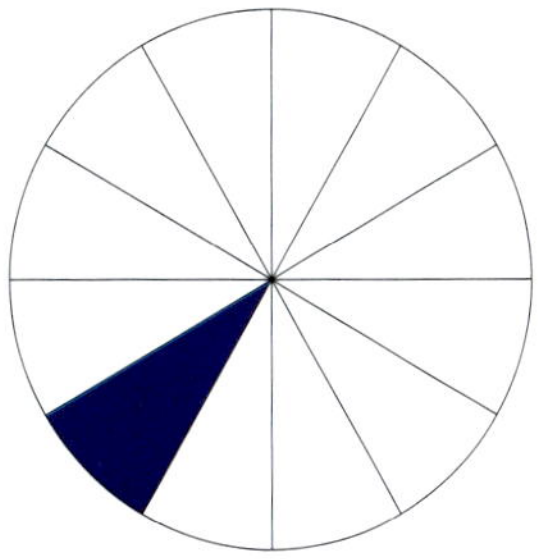

Bedeutung:

- Vergebung
- Umwandlung negativer Energie

Wenn Sie Zadkiel gewählt haben, gehen Sie vielleicht mit sich selbst oder mit anderen zu hart um. Zadkiel erinnert Sie an die Heilkraft der Vergebung und bittet Sie, sich nicht länger selbst zu bestrafen, negative Gefühle aus dem Herzen zu verbannen und weiterzugehen.

Zadkiel ist der Erzengel der Transformation. Wenn Sie ihn wählen, drücken Sie dadurch den Wunsch aus, Ihre spirituelle Entwicklung zu beschleunigen. Rufen Sie Zadkiel, damit er Ihre Verbindung mit dem Göttlichen stärkt. Er hilft Ihnen auch, negative Energie in positive umzuwandeln und Traumas aus früheren Existenzen zu heilen.

Wenn Sie Zadkiel gewählt haben, wollen Sie das spirituelle Band zwischen Ihnen und dem Göttlichen stärken.

Erzengel Sandalphon

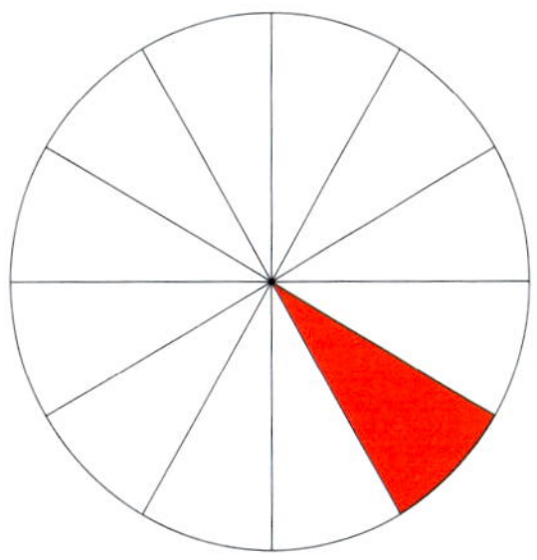

Bedeutung:

- Erdung
- Sicherheit

Sandalphon ist sehr eng mit der Energie der Erde verbunden, und er erinnert Sie daran, wie wichtig es ist, auf **dieser** Welt geerdet zu sein. Er hilft Ihnen, ein sicheres Band zwischen Himmel und Erde zu knüpfen.

Manchmal ist es schwer, auf der materiellen Welt zu leben, aber es ist eine Erfahrung, die wir selbst gewählt haben, und es ist ein Privileg und ein Segen für uns, in dieser wichtigen Zeit hier zu sein.

Sandalphon bietet Ihnen auch Sicherheit an. Wer unsicher ist, sucht oft in der äußeren Welt nach Sicherheit und glaubt, immer neue Ziele erreichen zu müssen, um sich sicher zu fühlen. Sandalphon will, dass wir nach innen schauen, und erinnert uns daran, dass wir in der Gegenwart unserer Engel sicher sind.

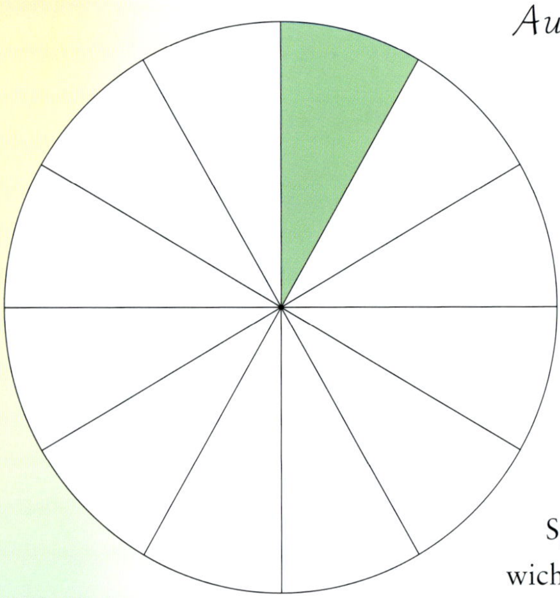

Ausgewogenheit

Wenn Sie diesen Aspekt gewählt haben, weisen die Engel des Gleichgewichts darauf hin, dass das Leben nicht nur aus Arbeit und nicht nur aus Spiel besteht. Sie brauchen mehr Ausgewogenheit. Egal, wie voll Ihr Terminkalender sein mag, Sie sollten sich Zeit fürs Spiel nehmen. Vielleicht glauben Sie, Sie hätten zu wenig Zeit und Energie dafür; aber Spaß und Entspannung sind sehr wichtig.

Nehmen Sie sich Zeit für sich und für die Entspannung.

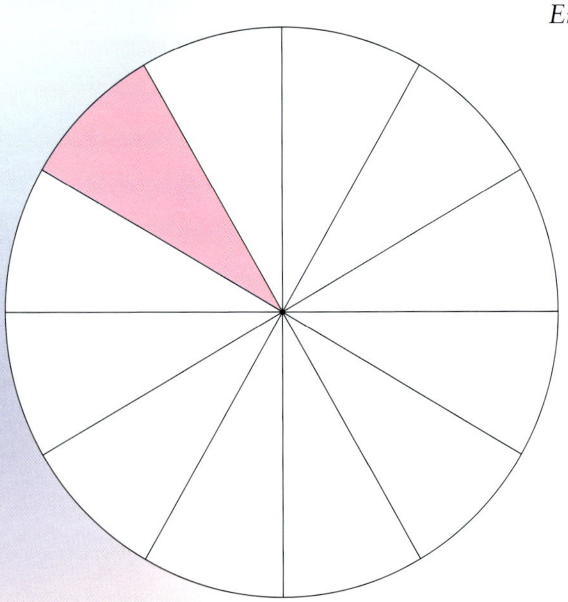

Manifestation

Wenn dies Ihre Wahl ist, sollten Sie sich auf einen baldigen Wandel vorbereiten. Sie denken daran, Ihr Leben zu ändern, und nun ist es Zeit zu handeln. Die Engel helfen Ihnen, Gedanken in die Tat umzusetzen. Achten Sie auf die Zeichen und auf Ihre Gedanken. Türen öffnen sich, neue Chancen winken. Vertrauen Sie den Zeichen der Engel, dann werden Ihre Träume wahr.

Unterstützung

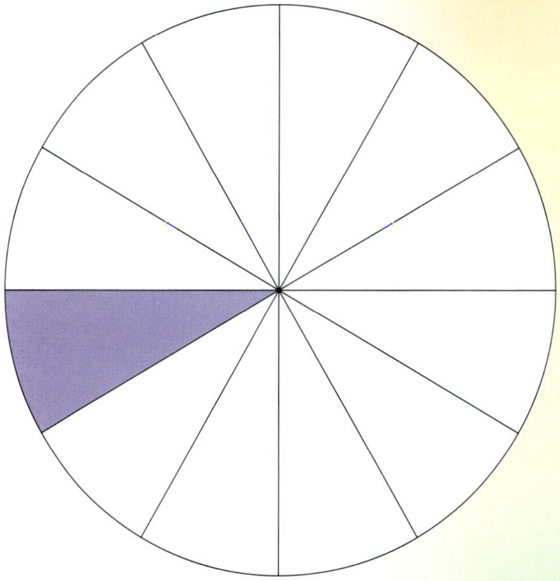

Ihre Engel wollen Ihnen sagen, dass Sie von göttlicher Liebe umgeben sind. Das vergessen Sie leicht, wenn eine Situation schwierig ist und Sie keinen Ausweg sehen. Rufen Sie die Engel, damit Sie Ihnen helfen. Reden Sie oft mit ihnen, denn sie sind voller Liebe und wollen Sie führen, wenn Sie sich verirrt haben, Sie trösten, wenn Sie traurig und allein sind, und Sie immer beschützen. Die Engel sind **immer** bei Ihnen und hüllen Sie auch in diesem Augenblick in ihre göttliche Liebe ein!

Nehmen Sie sich Zeit für die Meditation. Je öfter Sie meditieren, desto leichter fällt Ihnen der Kontakt mit den Engeln.

Meditation

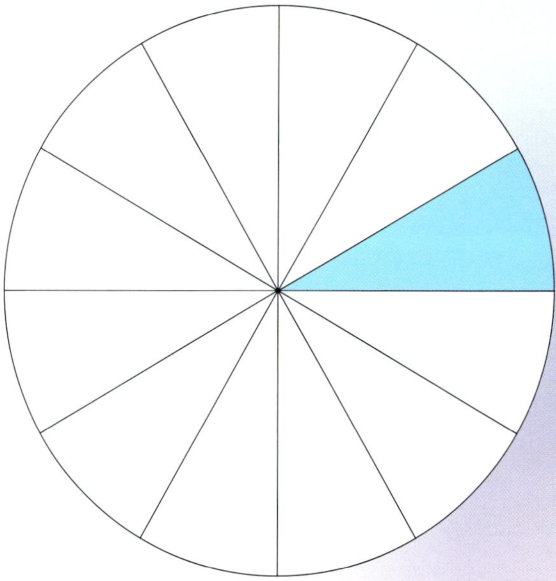

Die Engel zeigen Ihnen, dass Sie sich Zeit für die Meditation nehmen müssen. Meditieren Sie so oft wie möglich, dann empfangen Sie in der Stille die Botschaften und die Inspiration der Engel. Je ruhiger der Geist wird, desto besser hören Sie die Engel.

Wenn Sie meditieren, sollten Sie über Ihr Leben nachdenken, auf Ihr Herz hören und Ihrer Intuition folgen. Sie müssen etwas in Ihrem Leben ändern oder sich davon lösen. Die Engel der Meditation wollen, dass Sie nach ihnen rufen, damit sie Ihnen Ihre tiefsten Träume und Wünsche enthüllen können.

A

Akasha-Chronik 17

Altar 20, 41, 60, 64, 94, 96, 103

Altes Testament 15, 16

Angelikasamen 75, 87

Anrufen der Engel 48–58

Ariel 52

Aromakristalle siehe auch Kristalle 104

Ätherische Öle 41, 49, 64, 70–81, 84, 85, 86, 87, 88, 89, 96, 104

Mischen 74

Aromalampe 60, 89

Verdunster 72

Aura 42, 43, 81, 84

B

Basilikum 87

Benzoe 75, 84, 85, 86, 89

Bergamotte 75, 85, 86

Bibel 20, 94

Bitten an Engel 20, 21, 23, 25, 27, 29, 31, 33

Blumen 41, 64, 96

Bundeslade 16

C

Cajeput 86

Camael 21, 26–27, 39, 53, 78, 79, 85, 86, 90, 91, 94, 99, 117, 119

Chakras 25, 80, 81, 82–91, 97, 98, 100, 103, 104, 105–107

Channelling 21, 100

Cherubim 15, 16

D

David 17

Devas 14

Dillsamen 75, 85

Drittes Auge 78, 87, 91, 100, 103, 106 119

E

El 103

Elementargeister 14

Elemente 14, 84, 85, 86, 87,95, 96

Elemi(harz) 75, 85, 86, 87

Elestial 103

Elfen 14

Elija 21

Engel 12–17, 51, 52, 84, 85, 86, 87, 89, 94, 100 siehe auch Erzengel und Schutzengel

Engel des Einkaufens 112

der Einsicht 76

der Erde 16, 79, 84, 90

der Erleuchtung 75

des Findens 111

der Freude 75, 76, 77

des Friedens 75, 77, 80, 85, 90

der Führung 80, 91

der Geburt 85, 90

des Gleichgewichts 75, 117, 122

der Harmonie 75, 77

der Heilung 77, 98
des Karmas 78
der Kinder 77
der Kommunikation 78, 79
der Liebe 53, 76, 77, 78, 79, 80
des Mitgefühls 76
des Mutes 75
des Parkens 112
der Prophetie 78, 100
der Reinigung 44, 80, 81
der Reparatur 111
der Richtung 113
der Schönheit 79
des Schutzes 80, 97, 110
der Stärke 75
des Trostes 81
des Übergangs 81
der Vergebung 35, 76, 77
der Vision 100
der Wahrheit 97
Engelkarten 54 –58
Engelshierarchie 14–17, 20
Engelswasser 78
Enoch 21
Erzengel 15, 17, 18–35, 84, 85, 86, 87, 89, 94
Essen 43, 112, 119
Eukalyptus 86

F

Federn 40, 47
Feen 14
Fenchel 75, 85
Fürsten 15, 17

G

Gabriel 17, 20, 21,28–30, 39, 85, 87, 90, 91, 100, 117, 119
Geistführer 12–13, 100
Geranium 76, 85, 86
Gewürznelke 76, 86, 87
Glastonbury 40
Gnome 14
Goliath 17
Gott 12, 15, 16, 17, 21, 23, 25, 27, 28, 29, 31, 33, 35, 39, 50, 103
Siegel Gottes 17
Grapefruit 76, 86

H

Halo 84
Heilige 84
Hellfühlen 85
Hellhören 46, 56, 62, 86
Hellsehen 56, 62, 87, 119
Herrschaften 15, 17
Hesekiel 16
Hurtak, J.J. 103

I

Immortelle 76, 86
Indianer 40
Ingwer 76, 87
Jasmin 41, 76, 85, 87
Jesaja 16
Jesus 17, 28, 50
Johanna von Orleans 29
Jojobaöl 74
Jophiel 30–31, 75, 85, 87, 91, 101, 117, 120
Jungfrau Maria 28, 29

K

Kamille 77, 85
  blaue 86, 104
Karma 35, 48, 78, 79, 103
Kerzen 41, 49, 60, 64, 72, 88, 95, 96, 104
Kiefer 77, 87
Kinesiologie 95
Kristalle 41, 84, 85, 86, 87, 92–106

L

Lavendel 77
Licht 16, 17, 20, 21, 46
Limone 86
Lindenblüten 77, 86, 87
Lourdes 40

M

Mächte 15, 17
Majoran 77, 85
Mandarine 77, 86
Mandelöl 74
Manifestation 117, 122
Maria 28, 29
Matthäus 113
Meditation 117, 123
Melisse 78, 87
Metatron 21
Michael 17, 20, 21, 22–23, 39, 45, 75, 76, 77, 79, 81, 85, 86, 90, 91, 97, 104, 111, 117, 118
Möhrensamen 78, 85, 87
Muskatellersalbei 78, 85, 87
Mutter Meera, Deutschland 40
Myrrhe 78, 86
Myrte 41, 78

N

Neroli 78, 85, 86, 87
Neues Testament 15

P

Palmarosa 79, 85, 86
Patchouli 79, 84
Pendel 95
Pfefferminze 87
Planeten 16
Psalmen 59

)
uellwasser 43, 95

ad der Engel 114–123
aphael 17, 20, 21, 24–25, 39, 77, 86, 91, 94, 98,
117, 118
ucherstäbchen 40, 43, 73, 96
ucherwerk 60, 64, 73, 88
umsprays 72
vensara 79, 86
se 41, 79, 85, 86, 87
senholz 41, 79, 87
smarin 79, 86, 87

nt Germain 35, 91, 103
amander 14
bei 40, 43, 80, 85, 86
dalphon 21, 84, 90, 117, 121
delholz 41, 80, 85, 86
afgarbe 81, 86
utzengel 13, 17, 59, 62–63, 66–69, 75
warzer Pfeffer 80, 85, 86, 87
streinigung 42–45
aphim 15, 16
echgesang 39
hen 14

T

Temperatur 46, 94
Throne 15, 16
Träume 47, 53, 58, 73
Tugenden 15, 17

U

Undinen 14
Unterstützung 117, 123
Uriel 32–33, 85, 90, 102, 117, 120

V

Vetivert 81, 84, 89
Violette Flamme 21, 34, 91, 103

W

Wacholder 80, 85
Wasser 40, 78, 95
Weihrauch 41, 77, 87
Weihwasser 40

Y

Ysop 81, 85

Z

Zadkiel 21, 34–35, 57, 87, 91, 103, 117, 121
Zimt 86
Zitrone 81, 85
Zypresse 76, 85, 86

Hilfreiche Adressen

Die Engel-Webseite von Denise Whichello Brown: www.beaumontcollege.co.uk/angelo.htm

Informationen über Denises Erzengel-Mischungen, Engel-Öle, Kristalle, Aromakristalle und das Rad der Engel erhalten Sie unter www.denisebrown.co.uk

Informationen über Workshops und Kurse über ergänzende Medizin unter der persönlichen Anleitung von Denise Whichello Brown erhalten Sie vom
Beaumont College of Natural Medicine
Unit 1, Heritage Courtyard
Sadler Street
Wells, BA5 2RR
GROSSBRITANNIEN

Danksagungen

Wieder einmal danke ich meinem liebevollen Mann, der das Manuskript getippt hat und sehr geduldig mit mir war.

Bedanken möchte ich mich auch bei meinen Kindern Chloe und Thomas, die so viel Verständnis hatten, als ich dieses Buch schrieb.

Außerdem bedanke ich mich für die tiefe Weisheit von Alice Bailey, J. J. Hurtak und Joshua Stone. Und schließlich danke ich den Engeln und Sai Baba für ihre Führung.

Bildnachweise

Engel-Zeichnungen von Peter Mallison
Fotos Seite 16, 17, 110, 111 © Stockbyte 2001
Engelsrad © Denise Whichello Brown